天下文化
BELIEVE IN READING

MINDFULNESS

A Practical Guide to Finding Peace in a Frantic World

八週靜心計畫，找回心的喜悅

Mark Williams & Danny Penman

正念認知療法創始人 馬克·威廉斯、丹尼·潘曼 著　吳茵茵 譯

目次

序言

現在，正念（mindfulness）一詞在全世界愈來愈熱門了。這是一件好事，因為我們缺乏（甚至迫切需要）生命中某種難以了解但必要的元素。也許有時候，我們心中會浮現強烈直覺，告訴我們生命深深欠缺的，其實是不在當下的自己——我們就是少了點意願或能力，在自己唯一擁有的時刻（也就是當下）完全參與生命，把生命真的當成一回事的努力經營。直覺還會說：我們值得且有能力以那種方式過日子。這是相當勇敢的直覺或洞見，非常重要，甚至可能轉變世界。對於實際採取行動的人，這的確會帶來深層的滋潤，也使生命脫胎換骨。

話雖如此，正念可不僅只是一個美好的概念：「噢好啊，我就更加把握生命的每個當下，少點價值判斷，這樣一切就會更好啦。我以前怎麼沒想到呢？」。更把握當下、少點價值判斷雖然是很好的想法，但頂多只是一閃即逝，幾乎無法得到持續的動力，而且光說不練，也不會有多大的進展。事實上，那種念頭可能還會讓你自覺不夠好，對一切都無法掌控。任何希望受益於正念的人，都要具體實踐，才能夠讓正念發揮效用。換言之，就像兩位作者所說的，正念其實是一種「練習」，是個存在的方式，而不只是個好點子、獨門絕活，或一時的風尚。事實上，正念是幾千年來的智慧，大家經常稱之為「佛教禪修的核心」，但是正念的本質（也就是專注與覺察）是普世的。

正念練習對於身心健康及幸福快樂有強大的影響。本書以平易近人的方式，利用科學及醫學證據來證實這點。然而，正念是修持而不只是個美好概念，因此正念的培養是個過程，必然會隨著時間而發展及深化。正念練習要能夠帶來最大利益，你要堅定的對自己許下承諾，這需要堅持和自律，但同時抱持輕鬆嘗試的心態，盡可能把泰然自在帶到每一當下，這其實就是對自己友善慈悲的體現。這種輕鬆自得，配合堅定不移且全心全意的投入，其實正是各種正念訓練及修持的正字標記。

在這條路上，有良好的引導非常重要，因為說到底，正念影響的是你的生活品質，以及你與他人及所處世界的關係，至於對於你身心健全、心智平衡、幸福快樂及人格統整的程度的影響，就更不用說了。有了兩位作者經驗豐富的指導，讀者若是按部就班練習這套課程，絕對會有所收穫。這套課程提供條理分明的架構，在這架構裡，你觀照自己身心及生命的變化；此外，課程也提供架構嚴謹的可靠方式，幫助你面對生起的任何念頭。這個結構具有雄厚的實證研究基礎，參照正念減壓（MBSR:

mindfulness-based stress reduction）及正念認知療法（MBCT: Mindfulness-based cognitive therapy）課程，調整為具有連慣性、說服力及平易近人的八週課程，任何人只要在乎自己的身心健康，尤其處在這個步調愈來愈快速的狂亂世界（如同原文書的副書名），都適合這項課程。我特別喜歡他們簡單而具顛覆性的「舊習破除」練習，其目的是呈現及打破我們最沒有察覺到的思維及行為模式，這些難以識破的積習往往把我們禁錮於狹小的心胸裡，而這絕對不是我們的全貌。

你把自己放入作者的手裡、接受他們的引導之際，最重要的是你同時也把自己放入自己的手裡，因為你下定決心要確實遵循他們的建議，要從事各種正式及非正式的練習和舊習破除活動，觀看當你開始留心注意，以及慈悲對待自己及他人時，會有什麼現象發生，就算這麼練習一開始可能覺得有點造作。其實，這種承諾是信任自己且充滿自信的舉動。在這個深具啟發的課程協助下，如此的投入會是畢生難逢的機會，是你重拾生命、與它當朋友的契機，你將能夠在每一剎那更全然地活出生命。

威廉斯是我多年的研究同仁及好友，我們一起發表許多研究報告。他是全世界正念領域裡首要的研究者之一，在正念的發展及推廣方面也是先驅。他與蒂斯岱及西格爾一起創立正念認知療法。已有許多研究顯示，該療法大幅降低重度憂鬱症患者復發的風險，因而為患者帶來巨大的生命轉變。他也成立了牛津正念中心（Oxford Mindfulness Centre），而在那之前，他在英國北威爾斯的班戈大學（Bangor University）成立了內觀研究及訓練中心（Centre for Mindfulness Research and Practice）。這兩所機構在正念療法的研究及臨床訓練方面在業界都居領先地位。現在，威廉斯與記者潘曼博士合作，撰寫了這本非常實用且務實的指導手冊，讓讀者了解正念及正念的培養。你投入這項課程，就是探索如何以智慧與豐盛來連結到自己「珍貴且不羈的人生」。我祝福各位在這過程中深深受益。

喬・卡巴金

美國麻州波士頓

二〇一〇年十二月

1 人生，何必徒勞

還記得上一次躺在床上，是如何對付腦子裡揮之不去的念頭呢？你拚命讓心沉澱，只想安安靜靜，好好睡個覺。但是不管試了什麼法子，似乎都起不了作用。每次你硬是要自己停止思考，層出不窮的思緒就會生出全新的力量，再度爆發增生。你叫自己別擔心，卻突然發現有無數的新事情需要擔憂。你試著把枕頭拍鬆、翻來覆去想找個舒服的姿勢，但是很快又開始思考了。隨著夜晚一分一秒地過去，你的元氣逐漸耗盡，直到覺得虛弱無力。等到鬧鐘響時，你感到筋疲力盡、焦躁難安、心情盪到谷底。

隔天一整天，你卻面臨相反的問題——你想保持清醒，卻瞌睡連連：你糊里糊塗來到公司，卻是人在心不在；你專心不了，眼球布滿血絲、眼皮浮腫、全身痠疼、精神恍惚。你瞪著桌上那疊文件老半天，期待奇蹟，或任何事情出現，只要能讓你聚集足夠的動力來從事一天的工作。開會時，你眼皮幾乎撐不開，要說想出什麼明智的建議就更別提了。生命似乎從手指間流逝……你感到前所未有的焦慮、壓力與疲憊。

本書所探討的，就是在煩惱與混亂來臨的時候如何找到寧靜與滿足，或者更確切的說，是探討如何重新找回寧靜與滿足，因為每個人不管覺得多麼煩惱及不自由，內心深處都埋藏著源源不絕的平靜與滿足，只是當下受困於狂亂無章、汲汲營營的生活方式所設的牢籠裡，無法釋放出來。

這種情況我們十分了解，因為我們（與研究同仁）在牛津大學及全世界其他機構的研究經驗超過三十年，領域涵蓋了焦慮、壓力和憂鬱。這些研究發現了永續快樂之道，以及如何成功處理焦慮、壓力、疲憊，甚至重度憂鬱。這種人人都具備的快樂和寧靜能夠深入骨髓，讓你透徹並熱愛生命，這層體會滲透到你做的每一件事情裡，幫助你更靈活處理生命中的最糟情況。

這個祕密在古文明裡被大家熟知分享，甚至在今天的某些文化裡依舊實行不輟，只不過現代社會中許多人幾乎忘了安樂生活之道，甚至更糟的是，我們費盡千辛萬苦想得到快樂，結果卻錯過生命中最重要的部分，而且破壞了我們尋求的那份寧靜。

本書的目的是幫助讀者了解哪裡可以找到真正的快樂、平靜與滿足，以及如何重新發現它們。本書會教你如何按部就班的擺脫焦慮、壓力、不快樂及疲憊。我們不保證你會得到永恆的喜悅，人人都有痛苦煩惱的時候，佯裝無憂無慮其實相當幼稚且危險。然而，雖然日常生活大多充斥著無止盡的掙扎，我們還是有可能品嘗到另一種生活之道。

在接下來的章節及網站的練習錄音（下載網址請見書封底或本書末），我們提供一系列可融入日常生活的簡單練習，奠基於正念認知療法（MBCT—mindfulness-based cognitive therapy），來自美國麻州大學醫學中心（UMass Medical Center）卡巴金（Jon Kabat-Zinn）啟發人心的研究發展出來。正念認知療法課程的創始人是威廉斯教授（本書共同作者）、劍橋大學的蒂斯代（John Teasdale）及多倫多大學的西格爾（Zindel Segal），專門用來幫助重度憂鬱患者克服復發現象。臨床試驗顯示正念療法有效。臨床已證明，正念認知療法能夠把重度憂鬱患者的復發機率減半，效果甚至可能優於抗憂鬱劑，而且完全沒有不良的副作用。事實上，正念認知療法效果極佳，現在是英國國家健康暨臨床醫學研究院（National Institute for Health and Clinical Excellence）推薦的優先療程之一。

正念認知療法根據的是某種禪修形式，這種形式在西方是一直到最近才廣為人知。正念禪修十分美妙而簡單，每個人都可以利用正念禪修來發掘內在固有的「生活喜悅」，光是這一點本身就值得嘗試，更何況它還能夠預防常見的焦慮、壓力及悲傷，這些負面情緒會像漩渦般向下沉淪，演變成漫長的痛苦與疲憊，甚至導致嚴重的臨床憂鬱症。

一分鐘禪

1. 坐在直背椅上，挺直腰身，可能的話，不要靠著椅背，讓脊椎自然挺直。雙腳平貼在地板上，閉上眼睛或讓視線下垂。
2. 把注意力放在呼吸上，感受呼吸進出身體，覺察每次吸氣和每次呼氣的不同感覺。觀照呼吸，但不刻意尋求任何特別的感受。也不需要用任何方式改變呼吸。
3. 一會兒過後，心可能會遊走到別處。一旦注意到這個現象，請輕輕把注意力帶回呼吸，不必責怪自己——察覺心念渙散，並不帶批評地把注意力帶回來，是正念禪修練習的重點。
4. 你的心可能最後會像一個平靜水潭般靜止無波，但也可能不會。就算你體驗到絕對沉靜的感覺，也可能稍縱即逝。如果你感到憤怒或氣急敗壞，請注意這種現象也可能是短暫的。不管發生什麼，請讓你的心呈現本來的面貌就好。

5. 一分鐘之後，張開眼睛，再次意識到房間的存在。

一般的坐禪就是如「一分鐘禪」一般，把全部注意力放在進出身體的呼吸。這麼觀照呼吸，就能夠觀照心中產生的念頭，以及一點一滴地放下與念頭的掙扎。你會體悟到，念頭是自己來來去去，你不是念頭。你可以看著念頭在心中出現，似乎是憑空而來，也看著念頭消失，就像肥皂泡一個個破掉。你深刻體會到念頭和感受（包括負面情緒）的短暫無常，它們來來去去，你終究可以選擇不被它們帶著走。

正念就是不帶批判地觀照，以及對自己慈悲。不快樂或壓力盤據心頭時，不要把一切都認定是自己的毛病，而是學著當它們是空中的烏雲，以友善的好奇心觀察它們飄移散去。就本質而言，正念是趁你還沒掉入負面思維模式的下沉漩渦之前，就先察覺到那些模式的出現，這會展開讓你重新掌握生命的過程。

經年累月下來，正念對心情及幸福快樂的程度會造成長期改變。科學研究顯示，正念不只能預防憂鬱症，平日焦慮、壓力、憂鬱及煩躁之下的腦部模式也能因練習正念而獲得轉變，於是當這些情緒產生時，也較容易再次消散。其他研究顯示，固定坐禪的人較少看醫生，就算要住院，待在醫院的天數也較少。此外，他們記憶力增強、創意提升、反應更快（參見「正念禪的好處」）。

正念禪的好處

許多心理學研究顯示，定時坐禪的人比一般人更容易快樂並感到滿足[1]。這是重要的研究結果，也具有重大的醫學意義，因為這種正面情緒跟更長壽和更健康的生活有關[2]。

- 固定打坐可降低焦慮、憂鬱和煩躁[3]；也能提升記憶力，加快反應速度，並強化心智毅力和體能[4]。
- 固定打坐者可擁有更美好且更充實的人際關係[5]。
- 全世界的研究發現，禪修降低慢性壓力的關鍵指標，包括高血壓[6]。
- 研究也發現，禪修能有效降低慢性疼痛[7]及癌症[8]等嚴重疾病的影響，甚至有助於減輕對藥物及酒精的依賴[9]。
- 研究顯示，禪修增強免疫系統，因此有助於治癒傷風、流行性感冒和其他疾病[10]。

儘管大家知道這些好處都經過科學實證，許多人聽到「禪修」一詞，還是心生提防。因此，在繼續探討之前，破除一些迷思或許有幫助：

- 禪修不是宗教。正念只是一種訓練心智的方法。許多打坐的人本身有宗教信仰，但許多無神論者或不可知論者也熱中禪坐。
- 你不一定非得盤腿席地而坐（像雜誌或電視上看到的圖片），但如果想這麼做也可以。我們課程的大多數學員都坐在椅子上禪修，但你也可以練習把正念的覺察力帶到所從事的任何事情上，比如搭公車、坐火車，或走路去上班時。禪修是幾乎隨時隨地都可以進行的。
- 正念練習不會花許多時間，只不過需要某種程度的耐心與毅力。許多人很快就發現，禪修讓他們擺脫時間壓力的束縛，所以反而有更多時間從事其他事情。
- 禪修不複雜，也無所謂「成」或「敗」。就算你真的體會到禪修的難關，你也經歷到關於心智運作的寶貴經驗，因此對心理極有助益。
- 禪修不會讓你的心變得一片死寂，或是拿走你努力追尋事業或生活成就的企圖心，更不會硬要你戴上快樂小天使的面具強做樂觀。禪修不是要你對不可接受的事情逆來順受，而是以更清明的心看待世情，以便採取更為明智且經過更多思考的行動，來改變需要改變的事情。禪修有助於培養深層且慈悲的覺察力，讓你能夠評估目標，找到最佳途徑來發揮你最深層的價值。

尋找亂世中的寧靜

拿起這本書之前，你可能已經多次自問，為何一心渴望的平靜與快樂往往會從指縫間溜走。為何生命中的一大部分由狂亂忙碌、焦慮、壓力和疲憊來界定？這些問題也困擾了我們好幾年，而我們認為科學終於找到答案了。諷刺的是，這些答案的基礎原則是古老世界所熟知的：它們是永恆的真理。

我們的心情自然會有起有落，這是注定的，但某些特定思考模式會把生命活力或情緒健康的短期低落轉變為較長期的焦慮、壓力、不快樂和疲憊。一時的悲傷、憤怒或焦慮，可能會讓你掉入「壞心情」，結果一整天或更長久的時間都蒙上陰影。近期的科學發現顯示，這些正常的情緒變化會如何導致長期的不快樂、急性焦慮，甚至憂鬱，但更重要的是，這些發現結果也呈現下列各點，藉此顯示更快樂且更「中庸」的生活之道：

- 開始感到有點悲傷、焦慮或煩躁時，造成傷害的不是心情，而是你對情緒所起的反應。
- 你努力想擺脫壞心情或一時的不快，想了解自己為何不快樂、想找出解決之道，結果往往變本加厲。就像陷入流沙，愈是掙扎陷得愈深。

一旦了解內心的運作方式，就能明白，大家為何不時會陷入悶悶不樂、壓力及煩躁不安。

你開始感到有些難過時，自然會努力想出解決「不快樂」這個問題的辦法。你試著釐清不快樂的原因，然後找出解決之道。在這過程中，你很容易翻起舊恨，編造未來的憂慮，進而讓心情更為低落。不一會兒，你就因為找不到讓自己開心的方法而自責。住在每個人心裡的「內在批評者」會開始耳語，說都是你的錯，要你不惜一切代價更努力嘗試。很快的，你開始覺得脫離了自己最深層且最有智慧的核心。你迷失在似乎永無止盡的相互指責和自我批判循環當中；你覺得沒有達到理想、沒有成為自己想成為的人，全是自己的錯。

我們會陷入這種情緒流沙，是因為心境跟記憶緊密相連。心不斷在記憶裡翻動捕撈，搜尋符合目前情緒狀態的元素。例如，你覺得受到威脅，心會立刻挖出過去感到危險的記憶，好讓你看到相似點而找到逃脫之道。這個過程不過一剎那，你甚至來不及察覺。這是基本生存技巧，經過幾百萬年演化的鍾鍊而更為精密，力量無比強大，幾乎永不休止。

不快樂、焦慮和壓力也是同樣道理。偶爾難過一陣是正常的，但有時候一些悲傷念頭會引發一連串不快樂記憶、負面情緒和嚴苛的價值判斷。很快的，好幾個小時、甚至好幾天，都會蒙上負面自我批判思維的陰影，比如「我到底有什麼問題？」「我的人生是一團糟。」「要是他們發現我其實一無是處，該怎麼辦？」

這種自我攻擊的想法無比強大，一旦累積動力，就幾乎無法停止。一個念頭或感受觸發下一個，然後再引發下一個……很快的，最初的念頭（不管多麼短暫）就聚集了一群類似的悲傷、焦慮及恐懼，使你深陷自己的悲傷而無法自拔。

就某方面來看，這個現象不足為奇，情境對記憶本來就有極大的影響。幾年前，心理學家發現，深海潛水員如果在海灘上背誦一長串的單字，潛入海底後往往會忘記，但是一回到乾燥陸地上，又能夠想起那些字。相反情況也是如此：在水底下背誦的單字一到海灘上就更容易忘記。海洋和海灘是引發記憶的強大情境。

你的心也是這麼運作的。你可曾重遊小時候最愛的度假景點？重返舊地之前，你大概只有模糊的記憶，但是一到現場，走在街上、看到風景、聽到聲音、聞到氣味，過去的記憶就會湧上心頭。你可能會覺得興奮、感傷，或甚至有點戀愛的感覺。回到那個情境，促使心回想起許多相關記憶。但是觸動記憶的不只是地方場所，世界上充滿這種觸發誘因。你有沒有因為聽到一首歌，而激起一連串百感交集的記憶？或是聞到花香，或是剛出爐麵包的香氣？

同樣地，心情就像內在情境，其力量不亞於重遊舊地或聽到最喜歡的曲子。悲傷、沮喪或焦慮的閃現，可能會激起不安的回憶，不管你接不接受。很快的，你迷失在陰鬱念頭及負面情緒裡，而且往往不知它們從何而來——它們莫名其妙地出現，似乎是憑空變出來的。你可能會變得情緒惡劣、心浮氣躁、悶悶不樂，可是卻不明就裡，不禁納悶：我為什麼心情那麼差？或者我為什麼今天特別傷心疲累？

你無法阻止不快樂的記憶、自我批評的念頭和價值判斷觸發，但你可以阻止接下來的反應。你可以不讓負面漩渦成為養分，供應下一個負面思維的循環。你可以停止源源不絕的毀滅性情緒，以免它們最後讓你不快樂、焦慮、倍感壓力、煩躁或疲憊。

正念禪幫助你在破壞性念頭升起時能立刻覺察，並且提醒你，這些都是記憶，就像誇大不實的廣告，與事實無關，也不等於你。你可以學習觀察負面念頭的產生，讓它們停留一會兒，然後看著它們蒸發消散。這時，奇妙的事情發生了：一股深層的快樂和平靜會填滿空缺。

正念禪利用另一種方式讓人達到這個狀態，在這個方式裡，我們的心能夠了解世界。大多數人只熟悉心智善於分析的一面，也就是找尋解決之道，同時思考、判斷、計畫和擷取過去記憶的過程。但是心也有覺察的功能。我們不只是思考事情，也察覺到自己在思考。我們不需要語言做為自己與世界之間的媒介，而能透過感官來直接體驗世界。我們能夠直接感知事物，比如鳥鳴、花香，以及愛人微笑的模樣。有認知功能的不只是腦袋，還包括心。思考並非有意識經驗裡的唯一元素。心比念頭還更廣大、更包羅萬象。

禪修讓心智更清明，能夠以開放且清淨的覺察力來看待事物。這是我們目擊念頭和感受產生的地方，是個優勢據點。禪修讓我們避開一有狀況就立即反應的心理，我們的內在自我（天生快樂祥和的核心）不再被問題嘎吱嘎吱碾過心頭的噪音給淹沒。

正念禪鼓勵我們給自己更多耐心與慈悲，並且培養開放的心胸及溫和的毅力。這些特質幫助我們掙脫焦慮、壓力和不快樂等如同地心引力般的下拉力，提醒我們，科學研究所顯示的道理：可以不把憂愁和其他困難視為需要解決的問題。我們不應難過自己「無法」補救這些問題，事實上，不去解決往往是最明智的行動方針，因為我們解決困難的慣性方式，往往成事不足，敗事有餘。

正念並非否定頭腦想要解決問題的自然欲望，只是給我們時間和空間來選擇最佳的解決之道。有些問題最好用感情來解決——我們選擇「感覺上」最好的解決方法；其他問題需要用邏輯理智一步步處理。許多問題最好用直覺、創意來面對，有些最好是暫時放著不管。

快樂等著你

正念在兩個層次上運作。首先最重要的是正念禪的核心課程。這是一系列簡單的每日禪修，幾乎任何地點都可以練習，不過你可能會覺得在家找個安靜地點練習，效果最好。有些只需要三分鐘，其他可能長達二十至三十分鐘。

正念也可以幫助你打破一些思考和行為的習慣，這些習慣你從未察覺或在意，但卻會阻止你把生命發揮到極致。許多價值判斷和自我批判的念頭出自慣性的思維及行動方式。打破一些每日慣例，就能逐漸消融常見的負面思考模式，變得更有正念和覺察力。你會驚訝地發現，就連很細微的生活方式改變，也會帶來極大的快樂與喜悅。

破除習慣的方式十分簡單，例如開會時換張椅子坐、暫時關掉電視，或是換條路線上班。我們也會請你種些種子，觀察它們生長，或是幫朋友照顧寵物幾天，或是去附近的電影院看電影。這樣單純的活動再配合每天固定靜坐，真的可以讓生活更快樂充實。

課程練習要持續多久，隨你喜好，但是最好採用我們建議的八週。課程可以隨意調整，但值得銘記在心的是，練習要能完全發揮功效，需要時間，這就是為什麼它們叫做練習。本書所有單元的宗旨都是幫助你走在這條道路上。你要是順著這條路走下去，就能開始在亂世中找到平靜。

若想立刻開始課程，可翻到第四章。要是想知道更多的科學新發現，了解我們如何及為何讓自己深陷負面的思維及行為方式裡，而正念禪又如何讓你解脫束縛，那麼第二和第三章能幫你解惑。我們衷心希望，你會閱讀這兩章，以便透徹了解為什麼正念如此強而有力。這兩章會大幅提升你的進展，你也將有機會練習「巧克力禪」。但如果你等不及，想現在開始，當然也可以立刻進入課程，然後隨時回頭閱讀第二和第三章。

本書網站的錄音檔（下載網址請見本書最後面及封底）分成八個部分，會在整個課程裡引導你禪修，帶領者為曾跟隨威廉斯教授學習正念療法的南華大學教授李燕蕙。我們建議你隨著本書的進度閱讀每個禪修練習，然後跟隨錄音檔的引導實際演練。

2 跳出自責的陷阱

露西在繁華商業街上的一家服裝連鎖店擔任採購人員，外表上是事業有成的女性，但內心卻覺得停滯不前：下午三點鐘時，她坐在窗邊，定定看著街景，覺得壓力極大、身心疲憊、心情盪到谷底：

為什麼我完成不了這件事？她心底納悶。我通常很快就能算好這些數字。為什麼我就是拿不定主意？我到底哪裡出問題？我好累，根本沒辦法想清楚……

露西用這種自我批判來懲罰自己，已經超過一小時。在這之前，她憂心忡忡的與幼稚園老師談論女兒，講了很久，因為早上送女兒上學時，女兒哭著不讓她離開；後來，露西又匆匆忙忙打電話給水電工，質問他為什麼還沒過來檢查馬桶故障。現在，她呆呆地瞪著眼前的電子試算表，覺得全身無力，大口吃著巧克力馬芬蛋糕當午餐。

幾個月來，露西的生活愈來愈緊張，需要處理的事情愈來愈繁重，工作壓力愈來愈大，而且事情做不完就一直往後延，遠遠超過她平常完成的時間。到了夜晚，她輾轉難眠，於是白天更是昏昏欲睡。她四肢無處不痠疼，生活開始失去樂趣，需要費很大的力氣才有辦法繼續前進。以前她經歷過這種時刻，也就是大學時代的期末考前夕，不過那是暫時的。她從沒想到，這會成為她的生活常態。

她不斷自問：我的人生怎麼了？為什麼覺得筋疲力盡？我應該要快樂才對。我以前很快樂啊！那些樂趣都到哪裡去了？

露西活在工作過度、壓力過高、快樂滿足的指數偏低的地獄裡。她身心疲憊，愈來愈覺得徬徨無助。她很想快樂起來、與自己和平共處，但不知要怎麼做到。她的不快樂和不滿足還沒有嚴重到要看醫生的地步，但足以榨取她人生的許多樂趣。她存活在這個世上，但沒有真正過生活。

露西的故事一點也不稀奇。全世界有無數的人在醫學定義上沒有罹患憂鬱症或焦慮症，但是也沒有真正快樂，露西就是其中之一。大家一輩子都會經歷情緒和能量的起起伏伏。通常這些心情上的變化都是突如其來的。前一刻還開開心心、莽莽撞撞地過日子，做著白日夢，覺得一切如意、沒什麼憂慮，但突然間，細微的改變發生了。我們還來不及察覺，就開始覺得有點壓力：有太多事要做，時間卻不夠，事情一件接一件，速度之快，令人喘不過氣。我們身心疲憊，但是發現，就連晚上好好睡一覺，隔天起來也不覺得神清氣爽。於是我們停下腳步自問：這是怎麼發生的？生活中也許沒有重大變化，沒有跟任何朋友斷絕來往，債務也沒有突然失控暴增。一切都沒改變，但是生活就是莫名其妙地失去喜悅，取而代之的是一種普遍性的煩惱和倦怠。

大多數人在大多時候都能跳脫這種情緒漩渦的拉扯；這種時期的確通常會過去。但有時候，這些漩渦會讓我們連續好幾天意志消沉卻找不出原因，或者跟露西一樣連續好幾週或好幾個月。在情況嚴重的例子裡，當事者可能會掉入重度臨床焦慮症或憂鬱症（見左頁）。

不快樂、壓力與憂鬱

憂鬱症對於現代世界的負面影響嚴重得令人震驚。預計來年可能會有一〇%左右的人口罹患臨床憂鬱症，而且情況很可能會愈來愈糟。世界衛生組織[1]估計，到二〇二〇年，憂鬱症將成為全球第二大健康負擔。請思考一下這點。不到十年內，憂鬱症將比心臟病、關節炎和各種癌症帶來更大的負擔，不管對個人或社會都是如此。

以前，憂鬱症通常是中老年人的疾病；現在，憂鬱症第一次發作的年齡大多是二十幾歲，也有不少人十幾歲就第一次發作[2]。此外，憂鬱症會持續，大約十五%至三十九%的患者一年後依然憂鬱。約五分之一的憂鬱症患者病症維持兩年或更久，醫學上界定為「慢性」憂鬱症[3]。但最可怕的是，憂鬱症往往會復發。如果你罹患過一次憂鬱症，就算完全復原，也有五成的復發率。

憂鬱症造成的負面影響或許令人震驚，但是它的表親——慢性焦慮症——也逐漸普遍化。現在孩童及年輕人的平均焦慮程度之高，在一九五〇年代會被診斷為「臨床」焦慮症[4]，實在令人憂心。不用多大的想像力，就可以假定，幾十年之後，不快樂、憂鬱和焦慮將成為人類的常態，而非快樂與滿足。

雖然持續性的煩惱和疲憊似乎經常莫名其妙出現，但是心的表層之下，其實有潛在的運作過程，這些過程一直到一九九〇年代和二十一世紀初期才為人所知。有了這一番了解，我們才明白，人是可以「踏出」自身煩惱的，可以從不快樂、焦慮、壓力、疲憊、甚至憂鬱中解脫出來。

煩惱不安的心

如果你問露西，她瞪著電腦時有什麼感覺，她一定會說「疲憊無力」或「精神緊繃」。乍看之下，這些感覺似乎是清楚明確的事實陳述，但她要是更仔細往內看，就會明白，沒有單一元素可以被標示為「疲憊」或「緊繃」。這兩種情緒，其實都是「一團團」的念頭、原始感受、身體感覺和衝動（比如想放聲尖叫或甩門而出的渴望）。這就是情緒；它們就像背景顏色，你的心在熔合所有念頭、感受、衝動和身體感覺，進而創造出一個整體性的指導主題或心理狀態，並產生這樣的背景顏色（參見圖表「情緒由什麼構成？」）。構成情緒的這些不同元素彼此爭奪較量，最後可能會增強（或緩和）整體的心情狀態。這好比一支舞碼，複雜無比、充滿微妙互動，而我們現在才開始了解它。

情緒由什麼構成？

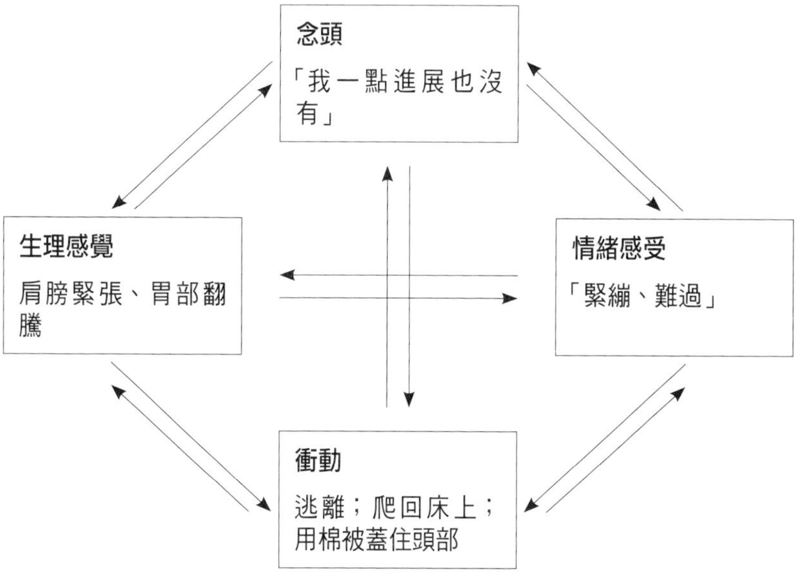

情緒是「一團團」的念頭、情緒、生理感覺和行為衝動。下次出現愉快或不愉快的情緒時，不妨檢視這個情況，注意這團情緒不同面向的相互影響。

以念頭為例。幾十年前，大家發現，思緒能驅動心情和情緒，但是一直到一九八〇年代，我們才明白，這個過程也可能反方向進行：心情可能驅動思緒念頭。請好好思考這點。你的心情會驅動你的念頭。實際上，這表示，就連剎那稍縱即逝的悲傷，最後都可能自行增生，藉著影響你看待和詮釋世界的方式，創造出更多不快樂的念頭。就像陰沉昏暗的天空會讓你覺得悶悶不樂一樣，短暫的悲傷也可能讓難過的念頭和回憶重新出土，進而使心情更為沉重。其他的心情和情緒也是同樣的道理。如果你覺得壓力沉重，這股壓力也會反過來餵養自己，進而產生更多壓力。焦慮、恐懼、憤怒，以及愛、快樂、慈悲和同理心等「正面」情緒的消長，也是依循同樣的道理。

然而，彼此餵養而最後破壞身心平衡的，不只是思緒和心情，還有身體。這是因為心不是獨立存在，而是身體的一個根本部分；身、心不斷彼此分享情緒資訊。事實上，身體的許多感覺都受到念頭及情緒的影響，而一切思緒都從身體狀況接收訊息。這是無比錯綜複雜、充滿回饋反應的過程，但是研究顯示，我們的整體生命觀會因為身體的微小變化而改變。皺眉、微笑或變換姿勢等微細的動作，對於心情和心中閃過什麼種類的念頭，會有巨大的衝擊（見左頁）。

憂鬱的心情，憂鬱的身體

你可曾留意低落的心情如何影響身體，例如影響走路方式？

德國波洪魯耳大學（Ruhr-University at Bochum）心理學家米查拉（Johannes Michalak）[5]與研究同仁利用光學式動態擷取系統，來觀察憂鬱的人在走路時與不憂鬱的人有何不同：他們請憂鬱患者和非憂鬱患者來實驗室走路，走路的方式和速度都隨各人喜好。他們在受試者身上裝置超過四十個小光球，趁受試者來回走動時，利用光球反射的光點來追蹤其３Ｄ動態影像。

他們發現，自願參加研究的憂鬱患者走路速度較慢，兩臂擺動的幅度較低，走路時上半身不太會上下震動，而是傾向左右搖晃。最後，他們發現，憂鬱的人走路姿勢是垂頭喪氣、身子前傾的。

這種垂頭喪氣的姿勢是心情憂鬱的結果，但不只如此。你可以實驗看看，要是你肩膀前縮、頭部低垂地坐上一分鐘，最後會有什麼感覺。如果覺得心情變糟，在實驗結束前可以調整坐姿，把背脊打直，讓頭部和頸部在肩膀上保持平衡。

為了解身心互相影響的力量有多強大，心理學家斯特勞克（Fritz Strack）、馬丁（Leonard Martin）和史特普（Sabine Stepper）[6]請一群人看漫畫，然後針對好笑程度予以評分。看漫畫時，有些人被要求用嘴唇銜著鉛筆，因而不得不噘起嘴巴，並且模擬了皺眉怒視的樣子。其他人則是用牙齒咬著鉛筆看漫畫，在不知不覺中模擬了笑容。結果令人印象深刻：不知不覺面露微笑的人，明顯比被迫皺眉的人覺得漫畫更好笑。微笑顯然代表你心情愉快，但耐人尋味的是，微笑這個動作本身也可以讓你快樂。這完美闡釋了身心之間的連結是多麼緊密。微笑是有感染力的。你看到某人綻開笑容時，幾乎一定會報以微笑，而且是情不自禁跟著做。請稍微思考一下：光是微笑這個動作就能帶給你快樂（就算是勉強擠出笑容）；而且如果你微笑的話，其他人也會對你報以微笑，讓你情緒更輕快。這是良性循環。

但是也有一個與之相當，結果卻恰恰相反的惡性循環：我們察覺到威脅時，會緊繃起來，準備好對抗或逃走。這種所謂的「戰或逃」反應並非有意識的行為，而是由腦袋最「原始」的一部分所控制，也就是說，它解讀危險的方式往往過度簡單化。事實上，它不會分辨外在威脅（如老虎）及內在威脅（比如令人煩惱的記憶或對於未來的擔憂）的差異。它把兩者都當成威脅，不是得起身反擊，就是得逃離。我們察覺到威脅時（不管是真實或想像的），身體會緊繃起來，準備好採取行動。這可能以皺眉、胃部翻騰、肩膀緊繃，或是皮膚失去血色來顯現。接著，心察覺到身體的緊張，把它解讀成威脅（記得皺眉就能讓你感到悲傷嗎？），進而使身體更為緊繃……惡性循環就此開始。

實際上，這表示，如果你感受到些微的壓力或脆弱，一個小小的情緒變化就能夠破壞你一整天，或甚至讓你掉入長期的不滿或擔憂。這種轉變往往會突然出現，讓你渾身無力而不禁自問：我為什麼那麼不快樂？

布克曼（Oliver Burkeman）最近親身體會到這現象。他在英國《衛報》的專欄中提到，輕微的身體感覺有時候似乎會滾雪球般，愈來愈嚴重，使他掉入情緒的漩渦。

我認為自己大致上是快樂的，但有時會突然感到鬱悶或焦慮，而且會迅速地愈演愈烈。在情況極差的日子裡，我可能會陷入憂愁苦惱而坐立難安，不曉得是否該做出人生的重大改變，這個情況可能會持續好幾小時都跳脫不出來。通常在這個時候，我才想到忘了吃午餐。吃了一份鮪魚三明治之後，鬱悶的心情就不見了。然而，每次感到憂愁苦惱，我的第一個反應從來不是「該不會肚子餓了吧？」我的大腦顯然寧可苦思「人類存在究竟是否毫無意義」，而不是指揮我的身體去附近的三明治店吃點東西。

當然，如同布克曼不斷親自發現的，這種「憂愁苦惱而坐立難安」的情況大多時候會很快消失。某些東西引起我們的注意並讓我們會心一笑，例如朋友打電話來而讓我們心情為之一振，或者在家看部電影，喝杯熱巧克力之後早早就寢。每一次我們被人生的颶風襲擊時，往往會有另一個事件突然出現，讓我們重新恢復平衡。但並不是每次都如此。有時候，我們的過去帶來沉重壓力，介入干預，激起情緒上的強風暴雨，因為記憶對於念頭、感覺、衝動和最重要的身體，都有無邊的影響力。

以露西為例，雖然她描述自己「充滿動力」且「大體而言算是成功」，但她強烈感受到生命中缺少了某個基本要素。她已經達到自己大致期望的成就，但仍然不快樂、不滿足，也不平靜，這讓她十分困惑，露西不斷告訴自己要開心，彷彿光是這麼說就足以排遣不快樂。

露西十幾歲時就開始經歷一陣陣的低潮。她十七歲時，父母離異，原本的住家拍賣出去，迫使父母兩方都搬到僅夠容身的公寓。露西熬過這段苦日子，讓自己和家人都出乎預料。當然，父母離異，一開始讓她覺得晴天霹靂，但是她很快地學會，用功讀書是讓自己分心的好辦法。一心向學成了她的解脫之道。她成績優異，進入大學，表現亮眼。她初入社會，就成為繁華商業街上一家服裝連鎖店的實習採購員，連她自己都不敢相信。接著，她在二十到三十歲之間的大部分時光都專心攀爬職場升遷階梯，最後成為採購部門的主管。

工作逐漸接管了露西的生活，她留給自己的時間愈來愈少。這個狀態是一點一滴累積的，因此她幾乎沒意識到歲月從身旁溜過。生活當然還是有高潮，比如她與湯姆結婚，以及兩個女兒的出世。她深愛著家人，但總覺得生活只是發生在別人身上的美事。她跟我們說，她正在穿越「慢慢變得愈來愈濃稠的糖漿」。

這「愈來愈濃稠的糖漿」是她目前的忙碌和壓力，再加上過去舊時的思考和感受模式。雖然露西看起來功成名就，但是在內心深處，她對於失敗的恐懼往往如影隨形地跟著她的思緒，於是看來不甚嚴重的低潮出現時，露西卻立刻開始挖掘過去類似的記憶，而嚴厲的「內在批評者」告訴她，展現任何脆弱是很丟臉的。一開始隱隱若現的恐懼或徬徨，最後卻引發排山倒海的舊日創傷，感覺起來非常真實且刻骨銘心，而且這些舊傷很快發展出新的生命，啟動另一波負面情緒。表面上，這些情緒之間似乎沒有關連，但其實環環相扣，牽一髮則動全身。

就像露西所經驗到的，我們很少體驗純粹的緊張或悲傷，因為憤怒、惱火、悲痛、嫉妒和仇恨都可能與緊張和悲傷混雜在一起，糾結成一團令人不快的刺痛。這些感覺可能是針對他人，但通常是朝向自己，即便我們沒有特別意識到這個情況。年復一年，這些情緒心結，會跟念頭、感受、身體感覺、甚至行為更緊密相連。因此，過去的經驗會不時影響現在的情緒；如果啟動一個情緒開關，其他就會緊跟在後（痠痛等身體感覺也是同樣情況）。這些全都會引發慣性的思維、行動及感受模式，我們明知這些模式只會造成反效果，但不知為何就是停止不了。於是這些反應模式彼此交織形成一張巨網，捕捉任何微小的情緒浮動，再捲起一場風暴。

負面思維與情緒一再被觸發，會逐漸在心裡磨出溝紋；經年累月下來，溝紋愈來愈深，更容易引發自我批判的負面思維及低落恐慌的心情，且更難甩開。一陣子之後，就連最沒有刺激性的事物，比如暫時的心情低落或是最微小的能量波動，都會引發長期性的脆弱。這些刺激因素可能微細到你察覺不出來。更糟的是，負面念頭經常偽裝成尖銳的問題，硬是要你回答。它們不斷來煩你，折磨你的靈魂，於是你滿腦子都是這些問題：我為什麼不開心？我今天是怎麼搞的？我到底哪裡做錯了？這要耗到什麼時候啊？

情緒的不同面向的關係如此緊密，再延伸到個人的過去經歷，這解釋了為何一個小小的誘因能夠觸發心情的劇烈起伏影響。有時候，這些情緒來得快也去得快，有如一陣狂風吹過，但其他時候，壓力和疲勞（或是低落的心情）似乎有黏著性——它們留在原地，什麼方法也趕不走。這就好像心的某些部分啟動了電源後就卡住了，不願意關掉。大家都體會過這種情況：有時候，心會自動開啟到高度戒備的狀態，之後照理該解除警報的，卻解除不了。

許多動物應付危險的方式跟人類不同。回想你上一次在電視上看到的自然紀錄影片，也許包含非洲草原上一群瞪羚被豹子追逐的畫面。瞪羚嚇得拔腿狂奔，直到豹子抓到一隻瞪羚，或是放棄當天的追逐。危險一旦消失，這群瞪羚很快地又繼續安心吃草。瞪羚注意到豹子時，頭腦裡的某部會發出警訊，危險一旦過去，警鈴則關閉。

但是人的心可不是這麼運作，尤其碰到引發焦慮、壓力、擔憂或煩惱的「無形」威脅時。我們面臨可怕或帶來壓力的事件時（不管是真是假），遺傳自祖先的「戰或逃」反應就會盡責地發揮作用。但接著另一個現象發生了：心開始在記憶裡捕撈，努力搜尋以往的經驗，來解釋我們當下感覺。因此感到壓力或危險時，心就會挖掘過去覺得受到威脅時的記憶，如果還是無法解釋當下出了什麼狀況，心就會創造出未來可能發生的情境，使得腦袋警鈴作響，而觸發原因不只是目前的恐懼，還包括過去的威脅和未來的擔憂。這是剎那間發生的，我們甚至來不及察覺。腦部掃瞄的新證據證實了這點：成天到處瞎忙、難以處在當下、太過專注於目標而與外在世界失聯的人，其杏仁核（大腦負責戰或逃的部位）隨時都處於「高度戒備」[7]。所以當人類想到其他威脅和失敗以及當前的情境時，就算危險已經過去，身體的攻逃機制也不會關掉。跟蹬羚不一樣的是，我們會狂奔不停。

因此，我們反應的方式，是把片刻且無傷的情緒轉變成持續且磨人的情緒。簡言之，心到最後可能會把事情弄得更糟。其它許多情緒也是如此，比如說疲累：

你坐在這裡閱讀時，看看能否接收到身體現在任何疲累的感覺，留意一下你感到多麼疲累。一旦心裡意識到疲累，自問一些關於疲累的問題。為什麼我感到疲累？哪裡不對勁了？我有這種感覺，是代表我怎麼了？要是我甩不掉疲累感覺會怎樣？

把這些問題全部想一遍，讓它們在你心中環繞：為什麼？到底出了什麼問題？這股疲累代表什麼？後果會是什麼？為什麼？

現在你有什麼感覺？你的心情大概比原本更糟；幾乎每個人都這樣。這是因為，這些問題底下，潛伏著去掉這股疲累的渴望，而為了達到這個目的，我們努力找出疲累的原因、含意，以及若不去之而後快，會有什麼後果[8]。想要解釋或驅逐疲累的衝動，是人之常情，但卻讓你更疲累。

人類的各種感受和情緒，包括苦悶、焦慮和壓力，都是如此。比如我們不快樂時，很自然會想釐清為何有這種感覺，並想辦法解決問題。但是緊張、苦悶或疲憊並非可以解決的「問題」，而是反映身心狀況的情緒。因此，它們無法被解決，只能被感受。你一旦感受到這些情緒（也就是承認它們的存在），不再強加解釋或試圖壓抑，這些情緒就更可能自然消失，就像春天清晨的薄霧。

這個說法可不是歪理。為什麼我們盡全力排除不愉快的感受，卻往往事與願違，造成如此悽慘的反效果？

你努力解決不快樂（或任何其他「負面」情緒）的「問題」時，就用上了心最厲害的技能：理性的批判思考。其運作方式如下：你看到自己身在某處（不快樂），知道自己想去另一地（快樂）。接著，你的心會分析兩者之間的差距，試著找到最佳方法來搭一座橋梁。為了達成這個目標，心採用「行動」模式（這個名稱表示它在解決問題和完成目標的表現良好）。「行動」模式逐步縮小你所在之處與欲達之處的差距，方法是用潛意識把問題拆解成小部分，每個小部分都在心眼裡解決，然後解決之道再度經過分析，看它是否讓你更接近目標。這個過程通常是瞬間完成，我們往往察覺不到。這用來解決問題十分有效，讓我們穿越市區時不至於迷路，在開車和安排緊湊工作行程時最常用到。舉些更了不起的例子，這就是古人建造金字塔、駕駛原始帆船航行世界的方式。也就是說，「行動」

模式幫助人類解決許多最為迫切的問題。

也正因為如此，我們很自然地會想把這套方法應用在解決「不快樂」的問題上，但這往往是最糟的方式，因為你必須把焦點放在你現在如何和你想要如何的差距上，這時就會自我苛責而自問：我是怎麼搞的？我哪裡出錯了？我怎麼老是犯這種錯？這些問題不只是嚴厲且自我摧殘，同時也要求心提出證據解釋其不滿足。心在提供這種證據方面，能力卓越。

試想在一個春天的日子裡，走路穿越一座美麗的公園，你很開心，但不知為何突然悲從中來，在你心裡泛起波波漣漪。這可能是因為你沒吃午餐而現在餓肚子的結果，或者是你不小心觸動了一個帶來煩惱的記憶。幾分鐘之後，你也許開始覺得心情有點沉重。你一注意到自己精神低落，就開始探查自己：這麼風和日麗的一天，這麼美麗的公園，真希望自己能夠開心一點。

想一想這句：真希望自己能夠開心一點。

現在感覺如何？大概覺得更糟，這是因為你把焦點放在目前感受和所求感受的落差，而這麼做反而凸顯了這個差距。心把落差視為問題，要除之而後快，而這種處理情緒的方式會造成大災難，因為念頭、情緒和身體感覺是如此微妙緊密的交織成為彼此的養分，要是任其發揮，會驅動你朝著非常悲慘的方向思考。很快的，你會被自己的念頭綑綁，開始想太多、開始鑽牛角尖，開始無止盡重覆那些犀利的問題，而且要求一個解釋：我今天到底怎麼搞的？我應該要快樂啊！為什麼我就是提不起勁？

你的精神又低落了一些，身體可能會緊繃、嘴角下垂、悶悶不樂，甚至還有幾個地方隱隱作痛。接著這些感覺把訊息傳輸給心，心覺得受到更多威脅，不禁又沮喪了一些。要是精神低落到一定的程度，就會開始變得活在自己的世界裡，錯過平常會讓你開心的小確幸：你可能不會注意到黃水仙花開始綻放、鴨子在湖面上悠游玩耍、孩童天真無邪的微笑。

當然，要是大家認為反覆憂思問題是有害的思考方式，大概就沒有人會這麼做。問題在於，大家真心相信如果對於自己的不快樂擔心夠多的話，最終會找到解決之道的。只要再做最後一次的努力就好——再思考一下問題就好……但研究顯示，這麼做是成事不足敗事有餘：事實上，不斷憂思會降低解決問題的能力，而且在處理情緒困難方面，這個方法絕對沒有希望。

證據清楚顯示：憂思是問題，而非解決之道。

跳脫惡性循環

你不可能不去觸動不愉快的記憶，也不可能完全停止負面的自我對話及價值判斷的思考方式——但你有辦法停止後續發生的事情。你可以阻止惡性循環轉化為養分並孕育出下一個負面思維漩渦，而方法就是採用另一種方式看待自己及世界。心具有強大的能力，所能做的不只是採用「行動」模式來分析問題。問題在於，我們過度使用「行動」模式而看不到另一個方式，但確實有另一條道路。要是你停下來反思一會兒，會發現心不只會思考，它也能察覺到自己在思考。這種純然的覺察力讓你有辦法直證這個世界。純然的覺察力比思維還大，不被你的思緒、感受和情緒覆蓋影響；它就像一座高山，一個處於高位的據點，你從那裡可以看到方圓百里之內的一切。

純然的覺察力超越思維，讓你踏出七嘴八舌的內心戲，以及不假思索的衝動和情緒。它讓你睜大雙眼再次觀看世界，這時，生命會再度出現一股奇妙感覺和寧靜滿足。

3 正念的生活

真正的發現之旅不在於向外尋求新的風景，而是擁有一雙新眼睛。

——普魯斯特（Marcel Proust），一八七一～一九二二

想像自己在雨中站在郊外的小丘頂上，看著遠方灰濛濛的都市景觀。那可能是你從小居住的小鎮，或是你現在居住的城市。在雨中，遠方的城鎮看起來冰寒清冷且不適人居。建築物看起來畸零破舊，街道堵車不通，人人看起來愁雲慘霧、氣急敗壞。接著，奇蹟發生了：雲霧散開，陽光傾瀉而下，整個世界在剎那間煥然一新。建築物的玻璃窗反照出金色光輝，灰色水泥轉變成光滑的古銅色，街道看起來光亮潔淨，天空劃過一道彩虹，骯髒的河流彷彿幻化成一條泛著幽光的奇異蟒蛇，蜿蜒穿過城市。有那麼奇妙的一刻，一切似乎停止了；你的呼吸、心跳、思維、空中的鳥兒、街道上的車陣、時間本身，都似乎剎那間暫停，以欣賞這樣的轉變。

這麼美麗且出乎意料的景象轉變，不僅大幅影響你所看到的事物，也大大影響你的思緒和感受，以及你如何認知這個世界。這些景象轉變，會在眨眼間徹底改變你的整體生命觀，但奇妙的是，改變的部分其實很少；市景還是一樣，但是太陽出現時，你從不同的觀點看待世界，僅此而已。

從不同地方觀看生活，同樣也能轉變感受。回想你以前在努力工作一陣子之後，準備要去好好度假的時候。要處理的事情實在太多了，但時間就是不夠，無法擠進所有事情。你想要把事情做完才能全心度假，結果忙到很晚才下班，還是沒把事情搞定。你覺得自己像隻倉鼠，困在小輪子裡不斷奔跑，永遠停不下來。你就連決定要打包什麼行李去度假，都覺得困難重重。好不容易整理好行李，你已經累垮了，可是躺在床上又輾轉難眠，因為心裡還在劇烈翻騰，想著一整天所做的事情。早上你醒來，把行李都放到車上，鎖上家門後，就開車出發了……就這麼簡單。

不久之後，你躺在美麗的沙灘上，與朋友談天說地。工作和優先要處理的事務突然遠在天邊，你幾乎完全想不起來是什麼。你覺得神清氣爽，再度回到身心圓滿的狀態，因為你的整個世界換了排檔。當然你的工作還存在，但你從不同的地方看它，僅此而已。

時間也會徹底轉變人生觀。回想上一次，你與同事或陌生人（也許是哪家公司的客服專員？）起爭執的時候。當時你火冒三丈，在接下來好幾小時中，你在心裡上演了各種假想情境，把對方駁倒。那起口角的後續影響，大概毀了你一整天，但是幾週後，你就不再會因為這件事而氣惱了。事實上，你幾乎忘了這回事——你動盪情緒中的刺痛感已經消失。那件事確實發生過，但你從不同的時間點來回憶，僅此而已。

轉變觀點能夠改變你的生命經驗，如同上述的例子。但是這些例子也暴露了一個基本問題——這些轉變發生，是因為外在世界的某個元素改變了：太陽出來了、你出去度假、時間的流動。而問題在於，如果你純粹依賴外在環境的變化來感到開心及活力十足，你就得等很久。你在等待的時候，心裡不斷希望太陽露出臉來、想像著未來能夠得到的寧靜，或著回憶理想化的過去時刻所經驗到的平和，這時真實的生活就悄悄流逝了。對你而言，那些時刻等於不存在。

但生活不見得必須如此過。

我們在第二章解釋過，如果你試著擺脫一些感受，或是掉入鑽牛角尖裡，這時很容易陷入痛苦與煩惱的循環中而無法跳脫。心解決問題的「行動」模式（Doing mode）（見39頁）自願伸出援手，卻只是讓困難更加惡化，這時負面感受就會持續。

但是有另一個方法。我們的心也可以用不同的方式來看待世界，稱為「同在」模式（Being mode）[1]。同在模式類似（但遠大於）觀點的轉變。這是認知世界的不同方式，能夠讓你看到你的心扭曲「事實」的傾向。它幫助你脫離心的自然傾向，而不會鑽牛角尖、過度分析或過度價值判斷。你開始直接體驗世界，而能夠從嶄新的角度看待煩惱，以不同的方式處理人生困境。你會發現，無論周圍發生什麼狀況，你都能改變內在景觀（也可稱為心景[2]）。你的快樂、滿足與鎮靜，再也不是依賴外在環境，你重新掌握自己的生活。

假設行動模式是陷阱，那麼同在模式就是自由。長久以來，人們已學會如何培養這種存在方式，我們大家都有可能做到。正念禪是讓你進入這種同在模式的大門，稍加練習，就能學會在任何需要的時候打開這扇門。

我們學習有意識且不帶價值判斷的把注意力放在當下的本來面目，正念覺察力（或是正念）就會從這種同在模式中自發生起。

在正念中，我們開始看到世界的本來面目，而不是我們預期、想要或恐懼的樣子。

這些概念可能一開始有點難以捉摸，不過話又說回來，它們本來就是必須親自驗證才能夠正確了解的。為了讓你更順利地進入這過程，下一部分將解釋心的「正念」（同在）模式，並與「行動模式」逐點比較。雖然你看完之後，一時之間也許還是不太明白某些定義和解釋，但是正念的實際效用是毫無疑問的。事實上，利用世界最先進的腦造影技術（見60至62頁），可能看到正念的長期效益在腦部慢慢發揮作用。你繼續閱讀本書時，最好記得，行動模式並非要打敗的敵人，而往往是盟友。行動模式自告奮勇從事它做不來的任務時（比如「解決」帶來煩惱的情緒），才會變成「問題」。這時，把「排檔」換到「同在」模式是有好處的。正念帶給我們的禮物，就是任意換檔的能力，不必永遠停滯在同樣的模式。

心的「行動」和「同在」模式的七大特色

自動導航系統vs有意識的抉擇

行動模式利用習慣把生活自動化，這點真的是相當厲害，然而這是我們最沒有注意到的特色。心要是少了從重複中學習的能力，那我們可能得努力記得怎麼綁鞋帶，但如果把太多的主控權轉讓給自動導航系統，你的思考、工作、飲食、走路或開車往往不假思索，對自己在做什麼毫無覺察能力，這樣你就錯過大半人生，這就是危險的地方。

正念能把你一次又一次地帶回到全然的覺照：在這裡，你是有意識地做事，而且擁有許多選擇。

正念與同在模式讓你再度完全意識到自己的生命，它讓你有能力不時跟自己「報到」，好讓你做出有意識的選擇。在第一章，我們說，練習正念禪所釋放出的時間，多於練習它所花的時間，原因就在這裡。你更有正念時，就能讓意念與行動一致，而非不斷地被自動導航帶離正軌。你學會停止浪費時間，不再採用早已失效的舊有思考和行動模式。更有正念，也表示你比較不會為了達到目標而硬撐太久，知道暫時放下才是明智之舉。你又回到活力十足、全然覺知的狀態。

如何延長預期壽命

陷入行動模式的忙碌狀態，會使得時間遭到竊取，人生被侵蝕大半半。花點時間看看自己的生活：

- 你是否難以專注於當下？
- 你是否常常為了到達目的地而走得很快，沒有注意到沿路帶給你什麼體驗？
- 你是否「自動化地運作」，不太察覺到自己在做什麼？
- 你是否匆匆忙忙把事情做完，而不是真的很專注？
- 你是否一心想著目標，而沒有好好專注於現在為了達到目標而正在做的事？
- 你是否發現自己忙著計畫未來或回憶過去？[3]

換句話說，你是否被每日的例行公事推著走，這些事情迫使你活在自己的腦袋裡，而沒有好好過日子？

現在，把這個情況推演到你的餘生。假設你現在三十歲，預期壽命約八十歲，還剩五十年可活。但如果你一天當中，十六小時裡只有兩小時真正意識到且覺察每一個當下（這個數字並不離譜），你的預期壽命只剩六年又三個月。你與上司開會的時間可能比這個數字還多！如果有朋友跟你說他剛被診斷出罹患重症，只剩六年好活，你一定會心生同情，試著安慰他。但你自己也許也糊里糊塗走在這條死亡之路，只是不自知而已。

要是你能把每天確實過活的時數加倍，實質上你就是倍數延長自己的預期壽命，就好像活到一百三十歲一樣。現在，想像把你確實活著的時間乘三倍或四倍。人們花幾千萬（真的是幾千萬）元購買昂貴的藥品和未經證實的綜合維他命注射液，只為了多活幾年；其他人資助大學從事研究，好大幅延長人類的壽命。但是學習正念活在當下——清醒過人生——就能達到同樣效果。

當然，量不是一切。研究顯示，練習正念的人，比較不會感到焦慮及壓力，反而覺得更放鬆、充實和有活力，如果真的如此，生活放慢速度且真正活在當下時，不只會覺得生命更長，也會更快樂。

分析vs感知

行動模式需要思考。它分析、回憶、計畫和比較。那是它扮演的角色，許多人相當擅長這部分。我們花大量的時間活在「自己的腦海裡」，而沒有注意到周遭發生的事情。紛擾忙亂的世界吞噬了我們，侵蝕了當下對於身體的感知，迫使我們活在自己的思緒裡，而不是直接體驗世界。如同前章所述，那些思緒很容易就被導引到有毒的方向，雖然不是每每如此（這是可以避免的），但這個危險永遠存在。

正念是了知世界的一個迥然不同的方式，而且不只是採取不同的思路。正念意味著回頭跟自己的感知接觸，好讓你看到、聽到、摸到、聞到和嘗到事物時，彷彿跟第一次接觸一樣新鮮。你對於世界再次深感好奇。與世界直接感官接觸，一開始似乎微不足道，然而當你開始感知到平凡生活的每個當下時，就會得到「超」凡的體會；你發現，你對於內在與外在世界的情況，逐漸培養出直接、直覺性的感知能力，這對於你待人處世的能力有深遠的影響，讓你用新的方式待人接物，而不會把一切視為理所當然。這就是正念覺察的根本：再度覺醒，清楚看到內在與外在每個當下所發生的變化。

對抗與接受

行動模式會判斷和比較「真實」世界與我們心中及夢中所想的世界。該模式窄化注意力，讓我們只看到兩者間的差距，而陷入「以管窺天」，心裡容不下任何不完美情況的有害現象。

另一方面，同在模式請你暫停價值判斷的習慣，也就是暫時站在一旁觀看世界的變化，暫時讓它呈現「原本的面貌」。這表示，面對問題或情況不會先入為主，這樣就不會被迫得出唯一一個預設的結論。如此一來，你就不會封閉原本極富創意的各種選擇性。

正念地接受，不代表向命運低頭，而是意識到此時此地的經驗。然而，正念不是讓這經驗掌控你的生活，而是讓你純然慈悲的觀照這個經驗，不去評判、攻擊、爭辯或試著反駁它的正當性。這種顛覆性的接受，讓你有辦法停止負面漩渦的啟動，或者已經啟動的話，你可以減少它的衝力。正念賦予你選擇的自由，讓你從即將顯現的問題踏出來，而在這過程當中，正念讓你逐漸從不快樂、恐懼、焦慮和疲憊中解脫，而更能掌握自己的生命。但最重要的是，正念讓你以最有效的方式、在最適當的時機解決問題。

視念頭為實 vs 視念頭為幻

心進入行動模式時，會把它自身的創造（即念頭與影像）當作原料。概念想法是心的貨幣，有它自己的價值。你會開始把這些概念想法誤認為現實。在大多情況下，這是有道理的。如果你出門拜訪朋友，心中就必須牢記著目的地。計畫、行動和思維的心，會讓你抵達目的地。懷疑自身想法的真實性——我是真的要去看朋友嗎？——實在沒道理。面對這種情況，把想法視為真實的，會比較方便。

但是當你感受到壓力時，這就成了問題。你可能會跟自己說：要是繼續下去，我一定會瘋掉；我照理有本事處理得更好。其實這些也是念頭，而你也可能把它們當成真實的。你的心所起的反應往往很嚴苛：我好沒用、我糟透了，使得心情陷入谷底，因此你更努力奮鬥，忽略了身體飽受折磨正在發出警訊，無視於朋友的好言相勸。你的想法已不再是你的僕人，而是成了你的主人，而且是極其苛刻、不假辭色的主人。

正念教導我們，念頭只是念頭，只是心裡的活動。念頭往往是有價值的，但念頭不是「你」或「現實」，而是內心對於自身和世界無時無刻的現場報導。光是體認到這點，就能從扭曲的現實解脫出來，那是大家透過無止境的思慮擔憂，為自己創造出來的假象。你可以再次看到清楚的人生之道。

逃避vs面對

行動模式解決問題的方式不只是一心朝著目標及目的地前進，還會記掛著「反目標」與你不想去的地方。這在某些情況下是有道理的，例如，從甲地開車到乙地時，如果知道城市或高速公路的哪些部分要避開，的確很有用。但如果用同樣的策略來處理你巴不得想避開的心理狀態，行動模式就成了問題。例如你試著解決疲憊和壓力的問題時，心裡也同時會想著「你不想去的地方」，例如筋疲力盡、元氣耗盡及精神崩潰。所以現在，你除了感到疲累和壓力大之外，還開始替自己創造新的恐懼，而這只會強化你的焦慮與壓力，使得你更加疲憊。行動模式如果用在錯誤的情境，儘管它盡了最大努力，也只會引導你一步步地走向疲憊與枯竭。

另一方面，同在模式鼓勵你「趨向」你想逃避的那些事情，邀請你帶著友善的興趣去探究最棘手的心理狀態。正念並不說「別擔心」或「別難過」，而是承認你的恐懼與悲哀、勞累與疲憊，鼓勵你使這些感覺，以及任何威脅要吞噬你的情緒「轉向」。這種慈悲的方式會逐漸驅散負面感受的力量。

心的時光之旅vs處在當下

你平日生活的大小事情要進行順利，記憶力和計畫未來的能力都扮演關鍵性的角色，但你當前的心情也會影響事情偏頗。你承受壓力時，往往只會記得所遭遇的負面事情，而難以回想起正面部分。思考未來時也是如此：壓力讓你覺得災難即將臨頭，當你感到不快樂或隱約覺得渺無希望時，要帶著樂觀態度面對未來，幾乎是不可能的事。這些潛在感覺上升到表層意識時，你就不再察覺它們只是過去的記憶或未來的計畫，而是迷失在心的時光之旅中。

我們重新經歷過去的事件和重新感受它們帶來的痛苦，而且我們預先經歷未來的災難，也預先感受它們的影響。

禪修訓練的是心，所以你有意識地「看到」念頭的生起，並且活在當下的生命裡。這不表示你被拘禁在當下這一刻。你還是可以追憶過去和計畫未來，但是同在模式讓你看到它們的真面目。你看到的回憶就只是回憶，計畫就是計畫。對自己在回憶保持覺知，知道自己在計畫，有助於你解脫，不再成為過去的奴隸。你有辦法避開重新經歷過去和預先經歷未來所帶來的額外痛苦。

消耗性 vs 滋養性活動

當你陷入行動模式時，不只會受到自動導航的驅動，這些外力還包括你的職涯及人生目標，以及家事、照顧小孩和照顧年邁親人等費神的差事。這些目標本身通常是值得追求的，但因為你必須投入大量的心力，所以很容易把焦點放在目標上，而排除其他一切事情，包括自己的健康和幸福。一開始，你可能會告訴自己，這麼忙碌是暫時的，因此你心甘情願放棄滋養心靈的嗜好及休閒活動。但是放棄這些興趣，會逐漸耗盡你的內在資源，最後感到身心疲憊、無精打采、欲振乏力。

同在模式幫助你更清楚知道哪些事物滋養你，哪些事物耗盡你的內在資源，而讓你恢復平衡。它幫助你察覺到何時需要滋潤心靈，給你餘裕及勇氣。生命中有些耗盡精力及內在喜悅的部分是無法避免的，但同在模式會幫助你更能靈活處理這些困境。

帶著意識與覺知換檔

正念禪會循序漸進教導你感知以上所述的七個面向（也就是這七個點），幫助你辨認心正在以哪種模式運作。它就像輕柔的警鈴，會適時告訴你當下的心理狀態（比如鑽牛角尖），以及提醒你有替代方案（不管感到多麼不快樂、壓力大或狂亂，依然有選擇的餘地）。舉個例子，如果你察覺自己因為想太多和愛批評而作繭自縛，正念能幫助你變得更包容，讓你心存寬容與好奇心來處理困難。

現在可以跟你透露一個祕密了：要是你能轉換七個面向的其中任何一個，其餘的也會跟著轉換。例如，在正念課程期間，你練習把逃避的心態放下，結果發現，批判心也沒那麼嚴重了；你練習「處在當下」，結果發現自己不會那麼把念頭當真了；如果你對自己培養更大的包容心，會發現自己對他人的同理心也提升了。你在練習所有這些層面時，自然的熱忱、精力和平靜會像遺忘已久的清泉湧現出來。

以「時鐘時間」來看的話，雖然本書所教導的禪修方式每天只花你二十至三十分鐘，但結果可能影響你的整個人生。你會很快發現，每日生活雖然需要某種程度的比較和評判，但我們的文明已把它們提升至神明的地位。有許多選擇是假的——你根本不需要選擇。這些選擇是你的思緒流所驅動的，僅此而已。你不需要無止境的與他人做比較，不需要把自己當前的生活（或生活水準）跟假想的未來或過去的美好回憶做比較。你不需要整夜左思右想，之前開會時無心說出的一句話會不會毀了你的大好前程，朋友脫口而出的一句話也不會讓你無法釋懷。如果你純粹接受生命的本來面貌，會覺得非常充實，擔憂也會逐漸減少，也不再執著。等到必須採取行動時，最為明智的決定自然會浮現。

我們必須再次強調，正念的接受不代表聽天由命，接受不可接受的事物，也不是偷懶或不善用人生、時間、內在天賦及天分的藉口。（有意義的工作，不管有沒有報酬，都必定能提升快樂。）正念是「醒悟過來」，你固定挪出時間練習，正念就自然會愈來愈往前方靠近。正念讓你透過感官直接經驗世界——平靜且不帶批判；正念讓你能夠把事情看得清晰透徹，能夠察覺到事情的輕重緩急。

長期來看，正念促使你慈悲對待自己和他人。這種慈悲心讓你從痛苦和擔憂中解脫，取而代之的，是汩汩湧現，日常生活俯拾皆是的幸福感。這不同於一般的快樂，你不會對這實在的愉悅感到麻痺而覺得幸福感又逐漸消失，相反的，這種快樂是滲透到你生命中每根纖維的喜悅滋味。

讓快樂生根

正念禪最驚人的特色之一，就是你能感受到它深遠的正面影響，以及腦部的實際轉變。近期的科學發展顯示，我們禪修時，跟快樂、同理心和慈悲等正面情緒有關的腦部區域會變得更有力且更活躍。我們透過腦造影這種新科技，看到腦部重要網絡的活化過程，幾乎像是得到了新生命而發光發亮；這時，不快樂、焦慮和壓力開始消溶，讓你深深感到元氣恢復。你不需要經年累月禪修後才嘗得到甜頭，每一分鐘都有它的功效。研究顯示，如果你每天練習，八週下來，就足以親自體會禪修的好處[4]。

這項發現算是近期的事。多年來，研究者認定每個人都有情緒調節器，它決定我們的人生有多麼快樂。研究者以為，某些人天性開朗，其他人則天性悲觀。雖然重大的人生事件（比如親人逝世或中樂透獎）會大幅改變心情，有時候長達數週或數月，但研究者一直認定，大家終究會回歸到自己的設定點。這個情緒設定點被認為深植在基因裡，或是在童年時期定型。直截了當地說，就是有些人天生快樂，有些人則否。

不過，幾年前美國威斯康辛大學（University of Wisconsin）的戴維森（Richard Davidson）和麻州大學醫學中心的卡巴金打破了這項假定。他們發現，正念訓練讓人們得以逃出情緒設定點的引力拉力。他們的研究提出非凡的可能性，亦即我們可以永久地改變自身潛在的快樂水平，而變得更好。

這項發現源自於戴維森博士的研究，他利用放置在頭皮上以測量腦部活動的感應器或功能性磁振造影（fMRI）掃瞄器，來觀看腦部不同區域的電活動，藉此標記（或衡量）一個人的快樂程度[5]。他發現，人心情難過時，不管是生氣、焦慮或憂鬱，腦部右前額葉皮質部分的亮度會高於腦部左側的同等部位。人們處於正面的心情時，不管是開心、充滿熱忱或活力充沛，左前額葉皮質部分的亮度會高於右邊。這項發現，促使戴維森博士根據左右前額葉皮質電活動之間的比率，設計出「心情指數」，這個比率可以精確預測你每天的心情。這就好像看一下自己的情緒調節器——如果左側的比率較高，你可能會開心滿足、精力充沛；這是「趨向」機制。如果右邊的比率較高，你比較可能會悶悶不樂、抑鬱寡歡、無精打采、失去熱忱；這是「逃避」機制。

戴維森和卡巴金決定延伸這項研究，以一群生物科技員工做為實驗對象，檢視正念對於其情緒調節器的影響[6]。員工學習正念禪，為期八週，接著深層的轉變發生了。他們不只覺得焦慮減輕、更為快樂、更有活力，且愈來愈投入工作，在戴維森設計的腦部活化指數上，他們也是左邊的比率較高。不可思議的是，就連受試者接觸到節奏緩慢、令人沮喪的音樂及令其難過的往事回憶時，這種「趨向」機制繼續運作；這股悲傷並沒有被當成敵人般加以對抗或壓抑，而是被視為可以面對處理、探索、親近的情況。顯然，正念不只提升整體快樂（及降低壓力程度），也反映於受試者腦部的實際運作方式，這顯示，正念對於腦部有根深柢固的正面效果。

正念課程還有另一個意外的好處：生物科技員工的免疫力顯著提升。研究員給參與者施打流感疫苗，然後測量其身體所產生的抗體濃度。腦部最偏向「趨向」機制的受試者，其免疫力也顯示提升最多。

後來的研究又更有趣了。麻省總醫院（Massachusetts General Hospital）的拉扎（Sarah Lazar）博士發現，人們繼續禪修數年後，這些正面變化會改變腦部本身的生理結構[7]。情緒調節器不僅徹底歸零，而且還被調整得更好。經年下來，這表示你比較容易感到開心而非悲傷；愈來愈可能活得輕鬆自在，而不是帶著憤怒或具攻擊性；你會充滿活力，而不是疲憊不堪、身心無力。這種腦部電路的改變，在腦部表面稱為腦島的部位最為明顯，腦島控制許多攸關人性博愛精神的元素（見次頁）[8]。

腦島與同理心

利用腦造影（fMRI）技術的科學研究顯示，禪修讓腦島活躍[9]。這項發現極具意義，因為腦部的這塊區域攸關我們是否感到與他人情感連結，讓你打從內心發出真誠的同情。同理心讓你能夠穿透他人的靈魂，看到它的本來面貌，幫助你「從內」了解他們的困境，這時真正的慈悲心就會生起。當你對另一人產生同理心時，如果用掃瞄器觀看頭腦內部的活動，會看到腦島相當活躍[10]。禪修不只是強化這個區塊，也幫助它成長及擴大。

但是這有什麼重要？同理心除了對社會和全體人類有益之外，對你也有好處。以同理心和真誠的慈悲心待人待己，深受其益的是自己的健康和幸福。一個人禪修愈久，腦島就得到愈高度的發展。但即使是為期八週的正念訓練，也足以造成腦部這塊關鍵區域運作方式的改變[11]。

許多臨床試驗顯示，這些對於腦部極為正面的效益會轉化為好處，增進快樂幸福感及身體健康。下一頁將提出幾個例子。

其他已證實的禪修益處

全世界的研究中心繼續發現，正念禪對於身心健康的好處，以下僅舉數例：

正念、慈悲和正面心情

美國北卡羅來納大學（University of North Carolina at Chapel Hill）的弗雷德里克森（Barbara Fredrickson）教授及研究同仁證實，對自己和他人培養慈悲的禪觀方式（慈心禪）能提升正面情緒，進而對生命擁有更大的熱情。在僅僅九週的訓練之後，禪修者發展出更強烈的使命感，孤立與疏離的感覺較少，頭痛、胸口痛、充血及虛弱等各式各樣的疾病症狀也減少[12]。

正念的不同面向影響不同心情

本書的每一種禪修方式會產生不同（但緊密相關）的效益。舉例來說，荷蘭格羅寧根大學醫學中心（Groningen University Medical Center）的研究顯示，正面心情與幸福感的提升，跟以下三種面向有直接關係：對於每日的例行活動更為覺察、觀察及留意普通的生活經驗，以及較少的無意識行動。負面心情的減少跟以下兩種情況有較為密切的關係：不帶批判地接受念頭和情緒，以及學習以開放好奇的態度面對痛苦感受[13]。

正念與自主性

美國紐約羅徹斯特大學（University of Rochester, New York）的布朗（Kirk Brown）及萊恩（Richard Ryan）發現，較有正念的人能從事更多自主性活動。也就是說，外界的要求或施壓不能左右他們的行動，他們也不會為了面子或是讓自己更有自信而去做一件事情。較有正念的人花更多時間從事他們真正重視或者純粹覺得有趣的事情[2]。

禪修與身體健康

近期許多臨床試驗證明禪修對於身體健康有深遠的正面影響[14]。由美國國家衛生研究院（National Institutes of Health）資助、於二〇〇五年發表的一項研究發現，西方從一九六〇年代開始練習的一種禪修形式（超覺靜坐〔Transcendental Meditation〕）導致死亡率大幅降低。這項研究持續十九年，與對照組相較，禪修組在這段期間顯示死亡率降低二十三％。與合併的對照組相較，禪修組的心血管死亡率下降三〇％，癌症死亡率下降四十九％[15]。這種功效等同於發現一個全新的藥物類別

（而且沒有不可避免的副作用）。

禪修與憂鬱

為期八週的正念認知療法（MBCT）課程，是本書課程的核心，由威廉茲及其同仁所發展，研究已顯示，這套課程顯著降低罹患憂鬱症的機率。事實上，對於憂鬱症曾經發作三次或以上的人，正念認知療法能降低四至五成的復發率[16]。這項研究首次證明，趁人們不發病時，教導其治療憂鬱症的心理療法，確實能夠預防復發。英國國家健康暨臨床醫學研究院（NICE）在「憂鬱治理準則」（Guidelines for Management of Depression, 2004, 2009）裡建議，具有三次或以上憂鬱症發作病史的患者應採用正念認知療法。澳洲阿德雷德市的肯妮（Maura Kenny）及舊金山的艾森德斯（Stuart Eisendrath）所做的研究也顯示，抗鬱劑藥物或認知療法等其他方式，對有些憂鬱患者起不了作用，正念認知療法或許是有效的方法[17]。

正念 vs 抗鬱劑

我們經常被問及兩個問題：正念療法是否能夠搭配抗鬱劑？或者取代抗鬱劑？以上兩個問題的答案皆為可以。赫林根教授（Kees van

Heeringen）在比利時根特市（Ghent）的診所進行研究，結果顯示，病患還在服用藥物時就能同時進行正念療法。研究發現，雖然大多數病患（正念療法組和對照組都是類似的比例）正在服用抗鬱劑，但是正念能降低三〇%至六十八%的復發機率[18]。至於禪修是否能取代藥物治療，英國艾克斯特大學（Exeter）的古根（Willem Kuyken）及其研究同仁對這個問題進行研究[19]，發現停止服用抗鬱劑而進行八週正念認知療法課程的患者，其表現跟繼續服用藥物的人一樣好或是更好。

正念與韌性

研究發現，正念能使韌性（承受生命打擊與挫折的能力）提升到顯著的程度。每個人吃苦耐勞的程度差別極大，有些人喜歡因挑戰帶來的壓力而愈挫愈勇，而其他許多人可能望之生怯，不論這些挑戰是達到愈來愈高的工作績效目標、長途跋涉到南極，或是有能力同時應付三個小孩、工作壓力和房貸。

是什麼因素使得「堅韌」的人能夠應付壓力，而其他人卻不堪一擊？紐約市立大學（City University of New York）的高巴莎博士（Dr Suzanne

Kobasa）把堅毅性格濃縮成三個心理特徵，她稱之為控制（control）、投入（commitment）和挑戰（challenge）。另一位傑出心理學家，以色列的醫學社會學家安東諾維斯基博士（Dr. Aaron Antonovsky），也試著歸納出關鍵心理特徵，來解釋為何某些人能夠承受高壓力而其他人則否。他把焦點放在納粹大屠殺的倖存者，把研究範圍縮小至三個特徵，分別是周延理解性（Comprehensibility）、因應管理度（Manageability）及意義性（Meaningfulness），三者一起能帶來統合感（Sense of Coherence）。因此「堅韌」的人相信，自身的處境本具他們能夠投入的「意義」，而且相信，自己有辦法「因應管理」生活，以及自身處境是「可以理解的」（也就是，情況雖然看似混亂且無法控制，但基本上是可以理解的）。

高巴莎和安東諾維斯基所指出的特徵，大致決定了我們有多麼吃苦耐勞。一般而言，你做他們的量表得分愈高，就愈有能力應付人生的考驗與磨難。

美國麻州大學醫學中心卡巴金的研究團隊長久以來持續評估八週正念訓練課程的影響，他們決定把韌性納為其中一個面向，檢測禪修是否能提升上述量表的分數，進而提升一個人的堅韌程度。研究結果非常明確，整體而言，正念課程的學員除了覺得更快樂、更有活力、壓力減輕，也覺得更能掌握自己的生命；他們發現生命變得更有意義，而且應把挑戰視為契機而非威脅。其他研究複製這樣的研究方法，也得到同樣的發現[20]。

但也許最耐人尋味的，是這些「根本」性格特徵並非不可改變。只要八週的正念訓練，就能正面改變這些特徵。這些改變可是意義深遠，因為它們對於我們的平日生活可能具有重大影響。雖然同理心、慈悲心和內在寧靜是整體幸福健康的關鍵，但是某種程度的韌性也是需要的。而正念的培養，可能對這些生活的重要面向產生重大影響。

這些來自全世界實驗室與診所的研究發現，得來不易，具有深遠的含意。它們正在改變科學家對心的看法，並且讓我們對無數發現正念好處的人們提供的經驗產生信心。課程參與者一再告訴我們，正念覺察大幅提升平日生活的樂趣。在實際層面上，就連最微不足道的事情，都可能突然間再度變得迷人有趣。基於這項原因，「巧克力禪」成為我們最喜歡的一項練習（見下一頁）。在這裡，我們會請你在吃巧克力時，積極注意它的滋味。在進入為期八週的主要課程之前，現在何不練習一下巧克力禪？等一下的體會，將讓你大吃一驚。

巧克力禪

選擇你從來沒試過或是好一陣子沒吃的巧克力。可能是濃醇的黑巧克力，或公平貿易的有機巧克力，或是劣質的便宜巧克力。重點是選擇你平常不會吃或是很少吃的那一種，然後照這樣做：

- 打開包裝，吸入香氣，讓整個人浸淫在香氣中。
- 折下一塊巧克力，看著它。確實讓眼睛盡情欣賞巧克力的模樣，檢視每個稜角與裂縫。
- 放入嘴裡，看是否有可能含著讓它融化，注意有無任何想要吞食巧克力的衝動。巧克力有三百種以上不同的味道，看你能否察覺到其中幾種。
- 你在品嘗巧克力時，如果發現心緒散亂，只要注意心跑到何處，然後溫柔帶著它回到當下這一刻即可。
- 巧克力完全融化後，刻意緩慢的吞嚥，讓它慢慢順著喉嚨流下去。
- 以同樣方式品嘗下一塊。

有什麼感覺？跟平常不一樣嗎？巧克力是否比你平常狼吞虎嚥地吃下去時還更美味？

4 八週正念課程介紹

接下來的章節將說明如何以正念禪安定身心，強化與生俱來的知足與快樂。本書將帶領你踏上無數大師前人走過的道路，這條路經過最新科學研究證明，確能消除焦慮、壓力、不快樂和疲憊。

接下來八個章節的每一章都有兩個要素，一是每日總共約二十至三十分鐘的禪修練習（或一系列為時較短的禪修練習），搭配本書網站錄音檔；二是「舊習破除活動」，有助於你一點一滴的瓦解根深柢固的積習。這些舊習破除活動的設計，是要重燃你本具的好奇心，練習起來也挺有趣的，例如去電影院隨機挑選一部電影來看，或是開會時換張椅子來坐。我們會請你帶著正念、全神貫注從事這些活動。這聽起來似乎沒什麼了不起，但這些活動能非常有效破除讓你陷入負面思維的習慣。舊習破除活動可以每週處理一個慣性，讓你跳脫平常的軌道，探索新的人生大道。

每七天為一個單位，理想上，每個禪修練習應執行六天。如果在任何一週發生什麼狀況使你無法做到六個時段的禪修，可以再多給自己一週時間。或者，要是你只是少做一、兩個時段的禪修，也可以直接進行到下週的練習，一切由你決定。如果想得到最大的利益、充分享受正念帶給你的好處，那麼重點在於踏實完成整套課程，而不是執著於八週這個單位。

每章都有獨立「本週練習」，讓你一目了然。如果你想在八週課程開始之前先讀完整本書，這樣的編排對你會比較便利。如果你採取這種方法，請在該週指定的禪修練習開始前，把相關章節重讀一遍，以便溫習每項練習的目標及宗旨。

課程前四週的重點，是學習開放心胸，注意內外世界的不同面向。你也會學到如何使用「三分鐘的呼吸空檔」禪修（見150頁），讓自己整天維持安住當下的狀態，或是每當感到生活失控，以三分鐘禪來安定自己。你在為時較長的正式練習所得到的體會，可以藉著三分鐘禪來鞏固。全世界許多完成正念課程的學員異口同聲表示，三分鐘禪是重新掌握自己生活的最重要技巧。

課程的後四週以此為基礎，給予你更多實際的方法把念頭視為心理活動（如同天空的雲朵），幫助你培養接納、慈悲及同理的心態，對待自己與他人。達到這樣的心理狀態後，其他一切就水到渠成了。

每週的課程摘要

第一週幫助你看到自動導航系統的運作，鼓勵你探索「醒來時」的狀況。本週的主要練習是「觀身體與呼吸」，幫助你把心穩定下來，看到一次只全神覺察一件事情時是什麼情況。另一個為時較短的禪修練習，幫助你透過正念進食而與感官重新連結。這兩項練習雖然都很簡單，但也提供其他所有禪修的重要基礎。

第二週使用簡單的「身體掃瞄」來探索思考感覺和體驗感覺的差異。許多人花大量時間活在「頭腦裡」，幾乎忘了透過感官來直接體驗世界。身體掃瞄有助於心的訓練，讓你可以把注意力直接放在身體感覺，而不加評判或分析。這讓你更清楚看到心什麼時候開始飄離，進而逐漸體會到「思考的心」和「感知的心」有什麼差別。

第三週以前兩週的禪修為基礎，進行源自瑜珈但不費力的「正念伸展」練習。動作本身雖然不難，卻讓你更清楚看到自己的身心極限，以及達到極限時，你如何反應。這些動作幫助心繼續進行與身體重新整合的過程。你會逐漸體會到，當自己太過專注於目標時，身體對於正在浮現的不安感極為敏感——這讓你看到，當事情不盡如人意時，自己變得多麼緊繃、憤怒或不快樂。這個預警系統具有深遠的力量及重要性，讓你趁問題還沒有累積無法遏止的動力之前，先行避開。

第四週介紹「觀聲音與念頭」，逐步揭露你是如何不知不覺捲入「鑽牛角尖」的漩渦裡。你學習視念頭為心理活動，它們就跟聲音一樣來來去去。透過觀照周圍的聲音，你逐漸體會「心會產生念頭，就像耳朵會聽到聲音」。這幫助你採取「偏離中心」的立場來觀看念頭和感受，在覺察的空間裡看著它們來來去去。這將提升清明的覺察力，鼓勵你以不同的觀點看待自身的忙碌和煩惱。

第五週介紹「艱辛禪」，這種禪修方式幫助你面對（而非逃避）生活中不時出現的困難。人生有許多問題是能夠自行解決的，但是有些需要帶著開放、好奇且慈悲的精神來面對。如果你不開放心胸接受這種困境，它們會逐漸破壞你的生活。

第六週更進一步發展這種過程，探索當你透過「慈心禪」和每日的善舉來積極培養慈悲同情心時，負面的思維方式是如何逐漸消失。與自己（包括你所認為的「失敗」與「缺點」）培養友誼，才能身處狂亂世界依舊找到寧靜。

第七週探索每日例行公事、活動、行為和心情的密切關係。我們壓力大且疲憊時，往往會放棄「滋潤」我們的事物，好挪出時間從事更為「迫切」且「重要」的事情，我們隨時準備好作戰。第七週強調的是利用禪修來做出愈來愈善巧的選擇，讓你從事更多帶來滋潤的事情，限制那些耗盡內在資源的事物所產生的負面效應。這有助於你進入良性循環，它帶來更大的創造力及韌性，以及更有能力自發地享受當下生命的真面貌，而不是你希望的樣子。焦慮、壓力和擔憂還是會出現，但隨著你學習慈悲面對它們，它們更可能溶化消失。

第八週幫助你把正念應用在日常生活中，所以當你最需要正念時，正念永遠唾手可得。

在八週的課程期間，我們會刻意把第三章所列的正念同在模式的每個面向置於每章的開頭，讓你從最深的層次逐步明白，醒來面對人生時會有什麼變化。雖然看起來是每週教導一個正念的不同面向，但它們事實上是彼此相關的。如同我們在第57頁所說，一個面向的轉變也會帶來其他面向的轉變。這就是為何我們請你做許多不同的練習，而且每個練習至少堅持一週，因為每種練習都提供進入覺察的不同大門，而沒有人知道哪個方式在你人生現階段最有效、最能幫助你與自身最深層且最有智慧的部分重新連結。

舊習破除活動

每週需要進行的舊習破除活動，是根據巧妙簡單的練習。如同名稱所示，這個活動能夠破除讓你陷入負面思維的習慣，讓你跳脫歷經風吹雨打的老舊軌道，給予你新鮮刺激的路徑來探索。你從禪修體悟到，如果抱著好奇的態度，就很難同時感到不快樂，而這些活動就是利用這項原理。重新點燃人性天生的好奇心，是靈活應付我們所處亂世的好方法。你會很快發現，雖然覺得時間不夠，但其實是當下富足。

騰出禪修的時間與空間

在開始正念課程之前，花點時間思考如何幫自己做準備。最好是挪出八週，在這段期間，你可以做到每天花點時間禪修和進行其他練習。課程的每一步驟會在練習裡加入新元素，因此八週期間，你每天都能深化所學。

重點是慢慢練習，就算覺得困難、無聊或重複，也要盡可能遵照指示。生活中如果有不喜歡的事情，我們往往是匆匆帶過，急忙進行下一個活動，但是本課程建議不同的面對方式：把散亂不安的心視為更深入觀心的機會，而不是立即把這個現象當成理由，下結論說禪修「沒有用」。看看有沒有可能隨時記得，禪修的目的不是要努力達成一個目標，甚至不是努力要放鬆，雖然這聽起來很怪。放鬆、平靜和滿足是禪修練習的副產品，不是目標。

所以要怎麼每天挪出時間練習？

首先，把禪修視為做自己和為自己的時間。起先，你可能會覺得很難找到時間練習。一個訣竅是承認，就一方面來說，你的確沒有閒工夫練習。你找不出時間，因此必須創造時間。你要是每天原本就多出額外的半小時，早就用來做其他該做的事情了。在這八週裡，為了要確實進行這項課程，你可能需要重新安排部分生活。就算課程只有兩個月，可能還是會覺得重新安排生活很困難，但這是必須做到的，否則禪修練習往往會被其他看似更急迫的事情擠到一旁。你或許會發現，早上必須更早一點起來，這麼一來，你可能需要早點就寢，以免為了練習而犧牲睡眠。如果你還是覺得禪修占了太多時間，那就把它當成實驗，看看能否驗證其他人所說的（也就是禪修所釋放的時間比它用掉的還多），結果發現你意外得到更多自由時間做為報償。

其次，我們總是提醒參加課程的人，在確定禪修的時間與地點之後，一定要維持自身的溫暖舒適，並且告知任何需要知道你在做什麼的人，好讓他們代為處理訪客或電話的干擾。萬一電話響了又沒有人可以接，看是否可能讓它繼續響，或是讓那通電話進入語音信箱。類似的干擾也可能從「內部」生起，例如突然想到有什麼事情要做，那是似乎逼著你馬上行動的念頭。這種情況發生時，看是否能試著讓念頭與計畫在心中來來去去，而不是馬上起反應。

最後，請記得，練習時不需要覺得這是愉悅的經驗（雖然許多人覺得禪修令人愉悅，但不是心花怒放那種快樂）。每天按照指示練習，直到成為常規，雖然你真正練習時會發現，禪修永遠不是例行公事。你負責投入時間與精力，結果則因人而異。我們無法事先告訴你，處在當下這一刻能夠發現什麼，以及當下開始向你揭露本來面目時，你會感到什麼樣的平靜或自在。

你需要的設備

一台CD或MP3播放器，一個坐禪時不會受到干擾的房間或空間，一條可以躺在上頭的墊子或厚地毯，一張用來坐的椅子、禪凳或坐墊，一條保暖的毯子，以及不時用來記下特定事情的鉛筆或原子筆。

叮嚀

開始之前，要知道在這段過程中，你會有無數時候自覺失敗，知道這點很重要。你的心會拒絕安住下來，會像獵犬追逐野兔一般奔馳。不管你試什麼法子，不消幾秒鐘，你的心可能就變成一個不斷冒出念頭的大鍋子。你可能覺得，自己像是在跟蛇纏扭打鬥，甚至絕望得想把頭埋入手中，覺得不可能達到平靜的境界。或者你覺得昏沉欲眠，深層的困倦開始破壞保持清醒的意圖。你可能會有這樣的念頭：這些招數對我都沒用。

但這不是失敗的徵兆，反而帶有深遠的重要性。這就像嘗試任何新事物，比如學習畫畫或跳舞，看到結果不符心中的預期，可能很洩氣。在這些時刻，請堅持不懈以及對自己慈悲。表面上的「失敗」，是你最能有所收獲的地方。「看到」心跑走了，或是「看到」自己焦躁不安或昏昏欲睡，光是「看見」這個動作，就是重大的學習時刻。你逐漸了解一個深奧的真理：心具有自己的心，而身體有許多人都忽視太久的需求。你會逐漸發現，念頭不是你，不需要太認真看待。你可以純粹觀看這些心理狀態的產生、暫留和消失。體悟到，念頭既非「真實」也不是「現實」，會帶來極大的解脫感。念頭只是內心的活動，不是「你」。

你了悟這點的那一剎那，纏繞著你的思考及感受模式會突然失去動力，而讓心安住下來，深層的滿足感會充盈全身，但很快的，心又跑走了。一陣子之後，你又會再度覺察到自己在思考、比較和批判，這時可能會覺得失望，心想：我還以為剛剛達到了那個境界，怎麼現在又消失了……。你會再次發現，心就像海洋，從來沒有靜止不動的時刻，波浪起伏不斷。這時，你的心可能再次安定下來……至少一陣子。逐漸的，平靜穩定的時間將更長，心如果跑走，你也會更快察覺到。就連失望也可以被視為另一種心理狀態，來來去去……

……在一個人做出承諾之前，會出現遲疑的心態、退縮的可能性，以及總是事倍功半。有個基本真理跟所有創舉（及創造）相關，如果不知道這個道理，無數的點子和絕妙計畫會遭到扼殺。這個真理就是：一個人對自己做出明確承諾的當下，命運也跟著轉動。原本不可能發生的各種事情都發生，只為了成就這個人。一連串的事件因為這個決定而起，促成各種有利於這個人的偶然插曲、意外相遇和具體協助，這些一般人做夢也想不到的事情，都會降臨在他身上。我對歌德的一句兩行詩懷著深度敬意：

「無論你有能力做什麼，或是夢想可以做什麼，就去做吧！勇氣之中找得到天賦、力量和奇蹟，現在就開始去做吧！」

莫瑞（W. H. Murray），《蘇格蘭人遠征喜馬拉雅》，一九五一年

在接下來的八章裡，你有時候可能會覺得，我們試著傳達的精華被籠罩在霧裡，可能會覺得，你沒有「搞懂」，這是因為禪修的許多概念和智慧是言語無法傳達的，需要實際練習和自行體會。如果你實際練習，就不時會出現「啊哈」的剎那——那是洞察力的閃現，帶來深刻的安定和啟發力量。你會了解數千年來其他行者的體會：憂愁、壓力和焦慮可以用更大的空間包含，它們在這空間裡生生滅滅，讓你在覺性裡休息——這是一

種完整圓滿的感覺，無關乎先前習得的概念。許多人在八週課程結束時表示，他們深深體會到，這種深沉的寧靜、快樂、滿足和自在，是隨時有辦法取得的——就在呼吸之間。

你即將踏上這條路了，我們預祝你一切順利。

5 第一週：認識你的自動導航系統

有天晚上，艾力克斯踏著沉重的步伐，緩慢地爬著樓梯回到臥室。他換上睡衣時，還不停想著白天的工作。他的思緒從一個主題跳到另一主題，很快地停留在他隔天下午要進行的出差工作，接著開始思考，要開車到那裡，走哪條路才能夠避開道路施工的地段。車！他這才想起，汽車保險已經到期，需要更新了。他明天會用信用卡付款。信用卡！他信用卡帳單繳了嗎？應該繳了吧。他想起帳單明細上列了一項七月大型活動預留的旅館訂房費用。然後他的心思不知不覺跳到女兒即將到來的婚禮。

「艾力克斯，」他老婆吼道，「你好了沒？大家都在等哪，再不出發就要遲到了！」

艾力克斯嚇了一跳，這才發現自己上樓是要換衣服參加派對，而不是換上睡衣就寢。

艾力克斯並沒有罹患失智症，也不是記憶力特別差，他只是進入了「自動導航」模式，當下的擔憂劫持了他的心，這是大家都很熟悉的狀況。你可曾出發要去拜訪朋友，卻發現走的是去上班的路？或者你開始削馬鈴薯皮做薯泥，削到一半，才想到今晚原本打算煮飯？習慣是如此瑣碎微細，但力量卻大到不可思議。習慣可能毫無預警地掌控你的生活，把你載往跟原本預期完全不同的方向，彷彿身心全然分離似的。

著有《為什麼你沒看見大猩猩？》的心理學家西蒙斯（Daniel Simons）做了許多研究，說明當我們不知不覺把注意力放在其他事情上時，很可能完全忽略近在眼前的狀況。他在研究裡做了一項實驗，請一名演員攔住普通路人問路[1]，路人告知演員路線時，有兩個人扛著一扇門強行從中穿越，一時之間，路人的視線被門擋住，這時問路的演員換成另一名演員，後者的模樣跟前者大相逕庭，身上穿的夾克不管是樣式還是顏色都完全不同，裡頭少了毛衣，髮型也變了，連聲音聽起來都有天壤之別。儘管有這些種種差異，只有大約一半的路人確實注意到演員被掉包了。這顯示我們有多麼容易陷入自身的忙碌，而這種狀況的副作用力量有多麼強大。這就好像我們心的意識被清除了，只剩自動導航系統掌管一切運作。

我們的自動導航系統或許造成不便，但它不是錯誤。它雖然會出奇不意地讓我們失望，但依然是人類演化過程中最偉大的資產之一。它讓我們暫時避開所有動物共有的缺點——也就是我們一次只能真正專注於一件事情，或者頂多斷斷續續的注意少數幾件事情。我們的心在所謂的「工作記憶」（working memory）方面有個瓶頸，所以一次只能在心裡保留幾件簡單的事情。電話號碼傳統上只有七位數字（再加上區域碼），這是其中一項原因。一旦超越這個門檻，事情往往會被忘記。一個念頭似乎會驅除另一個念頭。

要是有太多資訊在心裡翻攪，工作記憶就會溢滿，你開始覺得壓力，生命逐漸從指縫間流逝。你提不起勁，心不時「凍結」，讓你猶豫不決，對周圍發生的事也愈來愈麻木。你變得健忘疲憊，腦力耗盡。這就好比電腦上開愈多視窗，運作速度就愈慢。起先，你沒有注意到影響，但漸漸的，你跨越了隱形的門檻，使得電腦變得愈來愈遲緩、凍結，最後當機。

短期而言，自動導航系統透過習慣的累積，儲存工作記憶。要是一件事情經過重複兩、三次以上，我們心就會以無比流暢的方式，連接所有完成任務所需的動作。我們每天所做的許多事情都複雜得驚人，需要幾十條肌肉和數千個神經傳輸訊號之間的協調，但是它們全都可以靠著習慣來熟能生巧，而習慣只消耗腦力的一小部分（消耗覺察力的比例又更小了）。

腦部可以把這種習慣串連在一起，在意識幾乎沒有下什麼指令的情況下，執行長時間且複雜的任務。例如，學習開手排檔的車，一開始會覺得換檔非常困難，但現在不用思考就能做到。你開車技術愈來愈好，就能同時執行許多現在習以為常的棘手任務，比方說換檔的同時，輕鬆自在與人交談。這些都是由自動導航系統來協調，相互串連的習慣。

正念分明與自動導航

你是否曾經打開電腦，打算要發一封電子郵件，卻忍不住先回覆其他信件，一小時後關掉電腦，依舊忘了發出原本要傳送的訊息？

這不是你原本的意圖，但請注意後果：你重新啟動電腦時，還是得把原先那封信發送出去，而且因為之前那一小時不在計畫之內的回信，現在還得檢視所有的新訊息。

這時，你可能認為自己做得很好——只是在「處理雜務好進行重要工作」罷了——但你所做的其實只是讓電子郵件系統加速運作！

正念不會說「不要發郵件」，而是提醒你回到自身並自問：「這是我原本打算做的事情嗎？」

如果你充分覺察，你對自己的自動導航系統就更能夠掌握，而且可以在需要時用它來調度習慣。例如，傍晚五點三十分到來時，你可能會啟動「工作日結束」的習慣，最後一次檢查電子信箱，關掉電腦，很快地摸索一下包包，確定帶了鑰匙、手機、錢包。在這同時，你一邊跟同事愉快閒聊，一邊想著晚餐要吃什麼。然而，你也很容易失去有意識掌控自動導航系統的能力。一個習慣可能引發下一個，進而觸發另一個……然後又一個。例如，你可能出於習慣，下班後立刻回家，忘了已經跟朋友約好要小酌一番。習慣會以許多看似微不足道的方式，偷偷摸摸掌控你的生活。

經年下來，你把愈來愈多的生活主控權轉讓給自動導航系統（包括你大部分的思想），這就成了大問題。習慣引發念頭，念頭會引發更多念頭，進而又觸發更多的慣性思維。零星的負面念頭和感受會自動形成模式，而增強了情緒力量，你還來不及反應，就可能被根深柢固的壓力、焦慮及悲傷給淹沒；等你注意到這些不受歡迎的念頭和感受時，它們已經強大到無法抑制了。朋友「無心」的一句話，就能讓你不開心、失去安全感。有人超車，就能把你惹毛，點燃你的熊熊怒火。結果你覺得疲憊不堪、慌張狂亂、憤世嫉俗。接著你可能會對自己的失控感到內疚，啟動了另一波的負面漩渦……

你可能會努力壓抑，拚命防止自己掉入壓力漩渦，也可能會和自己辯駁，對自己說：這種感覺實在太蠢了。但是有這樣的想法，只會讓念頭、感受和情緒變本加厲。很快的，自動導航系統會承載過多的念頭、記憶、焦慮和工作——就像開了太多視窗的電腦。你的心運作速度減緩，變得疲累、焦慮、慌張，長期對生命感到不滿。就跟電腦一樣，你可能會凍結，甚至當機。

當你因為負荷過多而使意識心緊繃僵化時，光是用意念來開導自己，是很難逆轉這個過程的，因為這就像在電腦上開啟另一個程式、再把另一個視窗置於其上。你一發現惡性循環已經開始，反而要找出方法跳脫循環。這是學習更聰明處理生活的第一步，也就是要訓練自己注意自動導航系統何時接管大權，如此才能夠選擇要把心專注在什麼事情上。心的背景處總是有些一直保持運作的「程式」，你要學習把它們關掉。正念是我們天生具備的特質，而重拾正念的第一步就是回歸基本功，你要重新學習把覺察力放在單一事件上。

記得第三章的巧克力禪嗎？現在你可以透過類似的正念進食練習來進一步探索。接下來的葡萄乾禪比巧克力禪更精緻細膩。你會發現，仔細觀照所吃的東西，會意外地改變進食經驗。

這項練習只需要做一遍，但你當然可以盡情地練習。葡萄乾禪可以說是試吃樣本。你練習之後，就展開了正念禪課程。

葡萄乾禪[2]

挪出五至十分鐘。在這個地方、這個時段，你可以獨處，不會被電話、家人或朋友干擾。把手機關掉，才不會時時惦記著有無來電。請準備幾顆葡萄乾（其他水果乾或小粒堅果也可以）。此外還需要紙和筆來記錄練習後的反應。你的任務是保持正念地吃下水果乾或堅果，就跟先前吃巧克力時類似（見69頁）。

閱讀以下指示，好了解步驟及需求。除非真正需要，否則不需重複閱讀；重點是練習禪修的精神，而非緊張兮兮遵照每個步驟。以下八個階段各需要二十至三十秒來體會：

1 捧握

拿一粒葡萄乾（或是你選擇的水果乾或堅果），捧在掌心中，或是用食指與拇指捏著。把注意力放在葡萄乾上，打量著它，就好像你從來沒看過這種東西似的。你可以感受葡萄乾在手中的重量嗎？它是否在你手掌中投下一道陰影？

2 **觀看**

花點時間好好觀看葡萄乾，想像自己從來沒看過葡萄乾。全神貫注地仔細端詳，讓眼睛探索它的每一部分。檢視光線照亮它的部分、顏色較深的凹陷部分，以及皺摺和稜紋。

3 **碰觸**

用手指搓一搓葡萄乾，探索它的質地。用另一隻手的食指和大拇指捏著，有什麼感覺？

4 **嗅聞**

現在，把葡萄乾放到鼻子下方，看看每一口吸氣時會注意到什麼。它有氣味嗎？讓氣味充滿你的覺察。要是沒有氣味，或是少許的氣味，也要注意到這個現象。

5 **放置**

慢慢把葡萄乾放到嘴前，留意你的手和臂膀是如何清楚知道要把它放到哪裡。然後輕輕把葡萄乾放入嘴裡，留意舌頭在「接收」葡萄乾時做了什麼動作。還不要咀嚼，只是探索含著它的感覺。開始用舌頭探索葡萄乾，持續三十秒或更久。

6 咀嚼

準備好時，有意識地咬下葡萄乾，注意這個動作對於葡萄乾的影響，以及在你口中的變化。留意任何釋放出來的味道。牙齒咬下去時，感受葡萄乾的質地。繼續慢慢地咀嚼，但還不要吞下去。注意嘴巴裡的變化。

7 吞嚥

心裡第一次生起想要吞嚥的念頭時，看你是否偵察得到；充分覺察這個意念之後，再真正吞下葡萄乾。注意舌頭準備吞嚥的動作變化。看你的注意力是否有辦法跟隨吞嚥葡萄乾的感覺。可以的話，在葡萄乾順著食道滑入胃裡時，有意識地感知它的移動。如果不是一口吞下，有意識地注意第二次或甚至第三次的吞嚥，直到葡萄乾整個吃完為止。留意吞嚥之後，舌頭有什麼變化。

8 後續影響

最後，花點時間觀照這次進食的影響。舌間是否有餘味？嘴裡少了葡萄乾是什麼感覺？會不會直覺想找下一個來吃？

現在，花點時間寫下你練習時注意到的任何事情。以下是本課程的一些學員所做的記錄：

「我覺得葡萄乾的香氣實在太美妙了；以前從來沒注意過。」

「我覺得很蠢，好像在藝術學校上課一樣。」

「我覺得葡萄乾長得好醜……小不隆咚又皺巴巴的，但是味道吃起來跟我平常以為的很不一樣，其實非常美味。」

「我對於這一粒葡萄乾的滋味，比平常不假思索塞入嘴裡的二十多粒還來得難忘。」

果乾雖小，意味無窮

你過去有多少次刻意留意正在做的事情？你有沒有發現，只因為留神注意這麼簡單的動作，吃葡萄乾的經驗就改變了？許多人表示，這是多年來第一次真正品嘗食物，因此光是這個練習就讓他們「值回票價」了。

所有那些味道，在一般情況下通常是怎麼了？就這麼消失了，沒有被注意到。葡萄乾如此不起眼，我們往往是一把一把地吃，同時做「更重要」的事。如果錯過的只是味道，或許沒什麼大不了的。不過，你一看到全神貫注於生活中的小事能起多麼大的變化，就體會到心不在焉的代價。想想看，我們平常見、聞、嗅、嘗、觸所帶來的喜悅，就在不知不覺中流逝了，很可能就此錯過了每日生活的一大部分。我們永遠只有這一剎那可以經歷，就在這個當下，但卻往往只想著過去或未來。我們鮮少注意當下這一刻發生了什麼。

葡萄乾禪是正念課程主要原則的第一個實例，也就是重新學習如何把覺察帶入每日活動中，以便如實看到生命每一剎那的情況。這聽起來很簡單，但需要不間斷的練習。練習葡萄乾禪之後，試著正念課程的學員要選擇一項習以為常的每日例行公事，然後接下來幾天試著把「觀照葡萄乾的心」應用在這件事上。或許你也可試試一項這樣的活動，一起來展開這趟簡單又深奧的覺醒之旅——觀照生活中的平凡時刻。

我們平常忽視的例行活動

從以下活動選擇一樣（或你自己選定的另一項活動），在接下來這週的每一天，看你在進行這項活動時是否能記得保持觀照。你不用放慢速度，也不必樂在其中，按照平常的方式進行就好，但是你在做時，注意一下是否能整個人活起來。

- 刷牙
- 在家或工作場所從一個房間走到另一間
- 飲用茶、咖啡、果汁
- 出去倒垃圾
- 把衣服丟入洗衣機或烘乾機

在這裡寫下你選擇的例行活動

……………………………………

……………………………………

這週的每一天，把上面選的活動當成實驗，看看你能注意到什麼。重點不是產生各種不同感覺，而是讓一天當中「清醒」的時候多一點。從事你選擇的例行活動時，請依照自己的速度進行，比如：

刷牙：你刷牙時，心在哪裡？仔細觀照所有感受——牙刷跟牙齒的關係、牙膏的口味、口中生出的唾液、把水吐出的一連串動作等等。

洗澡：觀照水灑在身上的感覺，感受水的溫度和壓力。留意清洗身體時，手部的動作，以及你轉身及彎腰等等時，身體的動作。要是你決定把一些洗澡時間拿來計劃或思考，也要帶著意識進行，覺察到這就是你決定把注意力安置的地方。

第二週時，請另外選個活動，繼續同樣的實驗。

艾力克斯練習葡萄乾禪之後表示，他突然體悟到人生有多少時光就這樣溜走——不管是美妙或難過的時光。錯過人生美妙的時光，表示沒有把人生的豐富性發揮到極致。「如果專注吃一粒葡萄乾時會覺得滋味那麼美妙，」他思忖，「那我吃進和喝下的其他所有食物呢？」他開始覺得有點難過，世界上有那麼多品嘗、觀看、嗅聞、聽聞和觸摸的機會，而他都因為匆匆忙忙過日子而錯過了——但接著他停了下來。這裡有個選擇：他可以繼續瞎忙度日，或者他可以開始練習「參與」他的人生。多年之後，他透露，那顆葡萄乾改變了他的人生，也挽回了他的婚姻。

漢娜的葡萄乾經驗又不同了：「過程中，我真的察覺到，心裡飛過的所有念頭和感受都在干擾我品嘗那顆葡萄乾。我只想要停止思考——一下下就好。那真的是一場戰役，一點也不愉快。」漢娜的經驗是家常便飯。要是你更清楚看到心是多麼忙碌，就連你在做其他事情時也是如此，你會大為震驚，然後開始想控制它。

在練習正念時，你不必硬要把心關掉。心的浮動本身就是切入正念的大門。你不是要努力清除紛飛的妄念，而是要看看能否意識到正在發生的事情。你會逐漸發現，轉而「面對」碎碎唸的心——完全覺知到它——賦予你更多的選擇和更大的操作空間。你獲得自由，能夠更輕鬆自如的投入生命，就算困境逼近並且即將掌控你的心和生活，你也能妥善處理。

每個人都必須親自體會。

我們可以把這種智慧告訴你，你也可以全盤相信，但是這跟真正的體會是不同的。記得這個重點的唯一方式（尤其是你真正需要它、覺得世界似乎從指縫間流逝的時候）是親自發現，而且是一次、再一次、又一次地親自體會。

所以你如何應用葡萄乾練習的要領？你要學習全神貫注（見93頁「平常忽視的例行活動」），但是光是下定決心可能還不夠（就算你覺得這個想法不錯），你還要做兩件事。首先，你要找到方式來訓練心的專注，這是要練習的，我們等一下會解說練習的內容。第二，你要找到方法來化解你多數慣常行為的驅動力，這點也會在稍後說明。

觀身體與呼吸

每個禪修傳統都以收攝心神做為開始，這是每天要做的功課。最常見的方法是專注於一個永遠跟著你的對象上：呼吸時的身體動作。為什麼選擇呼吸？

首先，儘管呼吸是生命的根本，但你大概極少認真看待。人可以幾週不吃東西、幾天不喝水依舊能活下去，但如果幾十秒之內沒有呼吸的滋養，是無法存活的。呼吸真的就是生命。

其次，呼吸不需要我們操控才能發生，這點很重要。呼吸會自主進行。如果呼吸取決於我們是否記得呼吸，可能常常被忘得乾淨。因此，專注於呼吸是重要的解藥，能夠調整我們自認必須掌控一切的自然傾向。觀照呼吸提醒我們，生命的核心裡有某個現象正在發生，而它依據的不是我們的身分，也不是我們想達到的目標。

第三，禪修時，呼吸是自然且微微變動的專注對象；它把你拉回此時此地。五分鐘前的呼吸不可能重新來過，也不能一口氣維持五分鐘，你只能為現在呼吸。

第四，呼吸是相當靈敏的監測器，讀出你當前的感受。要是你能更清楚覺察到，呼吸什麼時候變短變長、淺或深、平緩或侷促，就能察覺內在的天氣型態，選擇該如何採取行動來照顧自己。

最後，呼吸讓你的注意力有個定點，你能夠更清楚看到自己的心什麼時候佚散、無聊、不安、恐懼或悲傷。觀呼吸的時間就算非常短暫，也能讓你覺察到目前的狀況，回歸到呼吸之後，就能放下想馬上修正問題的企圖。呼吸開啟了不同的可能性，也就是讓生命自己活著一陣子，看看當你不急著「把事情處理好」時，什麼樣的智慧會浮現。

我們建議你在接下來七天當中的六天，進行本章的觀呼吸練習。這個禪修練習只有八分鐘，建議你每天至少做兩次。你可以坐著或躺著練習，請自由實驗各種姿勢，看看哪個最能讓你在禪修時保持清醒。你也可以自由選擇練習的時間。許多人覺得最佳時段是早上及晚上，但什麼時候練習，完全取決於你。一開始，你可能會覺得很難撥出時間，但是就像之前所說，禪修釋放出來的時間，終究會比它本身用掉的還多。

向自己承諾要確實練習禪修，這點非常重要。禪修需要練習，但別忘了，全世界已有許多研究證明禪修對人類有益。如果你每天確實投入固定時間禪修，就能得到最大好處。禪修或許看起來沒有立即的益處，你得練習。為了讓這些好處發芽茁壯，你必須下定決心完成這八週的課程。話雖如此，有些人幾乎是打從第一天就感受到更放鬆與開心。

總是有錯過一、兩次禪修練習的時候；生活忙碌，有時候到達狂亂的狀態，因此少練習一、兩次也是家常便飯，這時沒必要批評自己。同樣的，你可能整天都找不到空閒時間，這時也別懲罰自己，而是看看能否在這週內補齊。如果一週之內只能練習三、四天，那就把第一週的課程重複一遍。如果你真的不想重複，可以直接進入下一週。

你也可能想把禪修方法整個先讀完。我們的指示非常詳細，有許多需要覺察的重點，但請試著把焦點放在禪修的精神，而不是執著於小節。就算你讀完了整本書，練習禪修時最好還是跟著錄音檔的引導，因此，你是每分每秒地得到指引，不需要擔心什麼時候結束。

觀身體與呼吸（錄音檔1）

實際禪修時，雖然最好是跟隨錄音檔的引導，但是先把以下禪修的細節讀過一遍，極有幫助。請記得盡量不要拘泥於細節，如同之前所說，精神比細節重要。

安頓

1 調整到一個舒服的姿勢安頓下來，不管是躺在墊子或厚地毯上，或是坐在椅子、坐墊或禪凳上。如果坐在椅子上，最好使用堅固的直背椅（而不是扶手椅），脊椎才能保持垂直，不會斜靠著椅背。如果坐在地板上的坐墊，雙膝確實碰到地面會比較好，雖然一開始可能做不到。盡量調整坐墊或禪凳的高度，直到你覺得能夠坐得舒服穩固為止。如果你有肢體障礙，坐著或躺著都不舒服，那就找一個令你舒服的姿勢，這樣最能夠讓你保持清醒、充分覺察每一個當下。

2 如果是坐著，請讓背部自然挺直、端正且舒服。如果坐在椅子上，請讓雙腳平貼地面，不要交叉。舒服的話可以閉上眼睛，或者視線下垂，眼光落在前方幾十公分處，不必特別注視某物。如果躺著，雙腿也不要交叉，雙腳自然外張，兩臂平放身體兩側，不要緊貼著身體，感覺舒服的話，請讓掌心張開朝上。

覺察身體

3 把覺察帶到身體感覺上，觀照身體接觸地面、座椅或墊子的觸感。花點時間探索這些感覺。

4 現在把注意力放在腳上，從腳趾開始，逐漸擴大「注意力的聚光燈」，使之涵蓋到腳掌、腳跟和腳背，直到你每分每秒皆巨細靡遺觀照到兩隻腳的感覺。花點時間以這種方式觀照雙腳，留意感覺如何在覺察裡來來去去。如果身體的這個部位沒有感覺，那就保持這樣的意識。這種情況毫無問題，你並不是刻意要產生感覺，而是意識到，當你觀照到這裡時，有什麼現象已經存在。

5 現在，把注意力擴及雙腿的其餘部分，在這裡停留一會兒，然後觀照軀幹（從骨盆和臀部一直往上延伸到肩膀）；然後左手臂，再來是右手臂；接著是頸部和頭。

6 花一、兩分鐘停留在全身的覺察。試著如實觀照身體和身體感覺。我們總是會想改變現況，請探索當你放下這個企圖時是什麼樣子。看到事情的本來面目（而沒有試圖改變任何現象），就算只是短短一剎那，也會帶來深層的滋養。

專注於呼吸的覺受

7 現在把覺察帶到呼吸時的腹部起伏。注意吐氣與吸氣時，腹部感覺的變化模式。做前幾次呼吸時，可以把手放在腹部上，感受腹部起伏。

8 你可能會注意到，每一次吸氣時，腹部輕輕鼓脹微微拉扯的感覺，每一次呼氣時，腹部內縮又是一種不同感受。

9 盡可能綿綿密密觀照呼吸，在每一次吸氣及每一次吐氣之間，從頭到尾，你都注意到身體感覺的變化，也許還會注意到吸氣與吐氣之間短暫的停頓，以及吐氣和下一次吸氣之間的空隙。

10 完全不需要以任何方式控制呼吸，純粹讓呼吸自行發生。

聰明處理散亂的心

你的注意力遲早（通常是早）會飄離呼吸。你可能會發現念頭、影像、計畫或白日夢不斷出現。這種東想西想的現象並沒錯，只是心的功能罷了。如果注意到覺察力已經不在呼吸上，你要恭喜自己。你已經「覺醒」到一定程度，才有辦法知道心跑走了，這時再次覺察當下的經驗。意識到心跑到哪裡，然後溫柔伴隨著注意力回到腹部的感覺。

心很可能會一直四處遊走，因此每一次都要記得，目標只是知道心跑到哪裡，然後溫柔地伴隨注意力回到呼吸上。這個過程可能非常艱辛，你可能會覺得洩氣，搞不懂心為何那麼不聽話！這種挫折感可能會在心裡製造出大量額外的噪音。因此，不管心飄走多少次，每一次（次數沒有上限）在你把它帶回到原本專注的對象上時，都讓自己內在生起慈悲。

看看是否有可能把心一再飄離的現象視為機會，以培養對自己更大的耐心。總有一天，你會發現這種對於散亂心的仁慈，會讓你慈悲對待自身經驗的其他面向。也就是說，散亂心是禪修練習的一大盟友，不是你認定的敵人。

繼續練習大約八分鐘或者更久，可以不時提醒自己，重點只是觀照每一當下的經驗。盡可能把身體和呼吸的感覺做為固定點，每次你發現心已飄離，沒有維繫在所緣境上時，就利用固定點來溫柔地與此時此地重新連結。

在正念課程的第一週，建議你每天至少練習兩次觀身體與呼吸。

漢娜一週以來每天按照錄音檔的指示禪修兩次。過程中她的心一直如脫韁野馬，幾乎令她受不了，有鑑於她對葡萄乾練習的反應，這種感覺並不令她驚訝。「第一天才坐了幾秒鐘，就發現自己在想：有那麼多事要做，這簡直是浪費時間。於是又跟自己說：好吧，我已經答應自己要空出這段時間，說到做到，好好坐著，呼吸。幾秒鐘過後，我又想起之前答應同事隔天要交一份報告，不禁心裡一沉。要是明天沒交，他會怎麼想？接著跑出這個念頭：禪修反而讓我感覺更糟！」

儘管漢娜閱讀了禪修要領，卻還是認定正念禪的目標是摒除心中雜念。因此當這個境界沒有出現時，她變得憂愁煩惱，不只擔憂心裡想的那些事（所有還沒完成的事），還氣自己沒辦法把這些煩惱抛開。她還是暗自相信，要是用對方法，就做得到「心無雜念」，而且壓力會消失無蹤。

基於某種理由，漢娜還是堅持每天禪修兩次。有時候，她覺得禪坐時內心彷彿暴風肆虐，其他時候，她發現自己的心沒那麼忙碌。接著在第三天練習時，新的現象發生了。她開始把她的心、心中的念頭和感受當成天氣型態，而她的任務只是觀察天氣，就算是暴風雨也是如此。其他時候，她覺得把心當成湖水，會有幫助，這面心湖有時候被風刮起大浪，其他時候則相當平靜，因而能反映周遭的風景。

漢娜並沒有試著掌控「天氣」，而是變得對它更感興趣，不帶自我批判地以好奇心觀察暴風和隨之而來的寂靜。她慢慢能如實觀照到，念頭只是念頭，心的內在運作只是如過眼雲煙的心理活動。

漢娜把心視為一面湖水，看到它是多麼頻繁地被過路的風暴擾亂。「風暴一來，」她說，「湖水就變得混濁不清，滿是沉渣。但如果我有耐心，就看得到天氣的變化，看得到美麗的湖水又逐漸變得清澈。並不是說變得清澈就能解決一切問題；我有時候還是會氣餒。但如果把這些變化視為一再重複的過程，對我是有幫助的。我了解為什麼要每天練習。」

漢娜發現了深奧的真理：沒有人控制得了心裡有什麼念頭肆虐，或是控制這些念頭所製造的「天氣」。但是我們的確能夠掌握自己如何看待這些現象。

如蝴蝶般紛飛的心

每天練習下來，看看你的經驗跟漢娜是否相同。你可能會發現自己很容易分心。我們的心往往從一個念頭跳到下一個念頭，因此維持專注非常困難。在培養正念覺察的路途上，光是體悟到這麼簡單的一個道理，就是很重要的一步。

請試著對自己慈悲。要知道，在禪修當中，如果心神散亂，你可能會有極為重要的體悟。你開始「看到」進行當中的思緒流，就像看到真實的河流一樣，你會開始看到所有的汩汩冒泡和潺潺流動。在最短暫的一剎那，所有不斷流過你心的思緒、感受和記憶，都會變得清晰可見，許多看似毫無脈絡可尋，彷彿心在後方的儲藏室到處挖掘，提供各種可能性來判斷你（你的意識心）是否喜歡這些可能性，或者覺得它們實用或有趣。這就像小孩捧起玩具，希望得到大人的稱許一樣。這就是心的功能——提供可能性。接著，你可以選擇是否接受這些想法，但我們往往忘了這點；我們誤把心的念頭當成現實，而且過於緊密地把自己認同為心。

清楚覺察了一、兩秒之後，你可能會發現，自己又跌入了思緒之流，再度沉沒其中而難以區別。這時，還是回到老方法：念頭只是念頭，明白此點之後，溫柔地把覺察力帶回到呼吸上，注意是否有任何抗拒放下的意念，或者繼續希望與念頭打交道。你可以在心裡賦予思緒名稱，承認它們的存在——「啊，這是思考」、「這是計畫」或「這是擔憂」——然後才把覺察力帶回到呼吸上。你並沒有失敗。相反的，你已跨出回到全然覺察的第一步。

舊習破除活動

在接下來這一週，我們也希望你實踐一項舊習破除活動。這項單元會在你生活中加入一點隨機性，幫助你展開鬆動習慣的過程。

換把椅子

這週，看看是否能注意到，你在家裡、咖啡廳、酒吧或上班地點（比如開會時）通常會坐哪張椅子。刻意選擇另一張椅子來坐，或是把原本那張椅子換個位置。我們是大量依賴習慣的動物，而且從這種一成不變的慣性中得到慰藉，實在不可思議。這完全沒什麼不對，只不過會助長「習以為常」的感覺，使得自動導航器主導大局，你很容易就不再留意周圍的一切景象、聲音和氣味，甚至椅子支撐你的感覺，都會變得過於熟悉。注意光是換把椅子，觀點就會有什麼樣的轉變。

第一週的練習

- 葡萄乾禪（見88頁）。
- 正念覺照一項每日例行活動（比如刷牙，見93頁）。
- 觀身體與呼吸，一天練習兩次（錄音檔1）。
- 舊習破除活動。

6 第二週：維持對身體的覺照

「我以前總是戲稱自己的工作是沉默殺手，」傑森說，「當個汽車教練大概是全世界壓力最大的工作。學開車的人似乎只分兩種：自以為是『一級方程式』賽車選手的人，或是膽小易驚的小白兔，只要看到別的車子就嚇得不敢動，或是想到會阻礙他人就害怕。這兩種人都掌控不了車子，而且上路時可能都開得一塌糊塗。我以往一天總是有六到八小時活在恐懼之中，害怕學生一時失控而撞壞了我的車，或是讓我們倆同歸於盡。

「這份工作做了七年之後，我被診斷出罹患心雜音，這其實沒什麼好驚訝的。教開車時，我一整天要努力壓抑恐懼和憤怒，而且變得太過激動、汗水直流。晚上常睡得不安穩，隔天起來渾身無力。人生變得糟透了。」

傑森工作時，你要是在旁觀看，會立刻發現他愁容滿面，並且了解他的生活為什麼變得那麼不愉快。他的身體經常處於緊繃狀態，肢體動作僵硬不順，而且深鎖的眉頭已經留下一道永遠的痕跡。他已成為痛苦煩惱的化身。在許多方面，他困在一個正在慢慢啃蝕他生命的惡性循環裡。

傑森沒有能力察覺，令他緊繃的不只是身體內的恐懼和緊張，還包括心裡的念頭和感受。因為就像我們之前看到的，想法、感受和情緒往往不只是身體造成的，也是內心的產物。

情緒不斷在內心波動，就連最細微的閃動，身體也能敏銳地察覺出來。我們幾乎還沒意識到念頭的出現，身體往往就已經偵測出來，而且經常把念頭當成堅固真實的東西來反應，也不管念頭是否真實呈現外在世界。但是身體不僅會對心中的所思所想有所反應，也會把情緒資訊傳回腦部，進而強化了恐懼、擔憂及如影隨形的憂愁苦惱。這個回饋圈力量強大、極為複雜，直到目前才開始為人所了解。

許多研究顯示了身體影響思緒的力量是多麼強大——就連看似最符合邏輯的判斷，也會受到你手勢動作及姿勢的影響。一九八〇年，心理學家蓋瑞・威爾茲（Gary Wells）及理查・裴帝（Richard Petty）進行了開先河（而後常被複製）的實驗，證明身體對心的影響。他們請參與者戴著全罩式耳機，在聆聽一段音樂和一段演說後，對耳機的音質評分。為了模擬跑步時戴耳機聽音樂的情況，他們請參與者一邊聽一邊擺動頭部。有些參與者被要求左右擺動頭部，彷彿在搖頭，有些人則是像點頭一樣上下擺動頭部，第三組人則被告知完全不要動。你大概猜得出來，哪一組對於耳機的評分最高：點頭組（其頭部動作暗示「好」）對耳機的評分高於搖頭組（其頭部動作暗示「不好」）。

彷彿這樣的結果還不夠清楚或不夠耐人尋味，兩位實驗者在受試者身上祭出最後一招。受試者離開大樓時，被問及是否願意填寫關於大學生活的簡短調查，他們全都不知道這屬於同一實驗。後來發現，影響他們看法的，不只是透過耳機聽到的內容，還包括頭部動作。他們透過耳機聽到的演說，是在討論學費是否該從五百八十七美元調漲至七百五十美元。令人矚目的是，維持頭部不動的人在事後被問及學費應該多少時，所建議的平均數字是五百八十二美元——接近實際的學費。搖頭組建議的學費低很多，平均是四百六十七美元。至於點頭組呢？這個嘛，他們認為學費應調漲至六百四十六元[1]。沒有人察覺到，頭部動作影響了他們的評價。

顯然（明顯到大家都不想承認），我們每一剎那所做的判斷，可能大幅受到做出判斷時的身體狀況影響。有些人讀到這裡，可能會心裡一沉，但是這項發現其實也有鼓舞作用，因為這表示，只要改變你跟身體的關係，生活就能大幅改善。但有個問題：大多數人幾乎沒有覺察到身體的存在。彷彿我們懸空跳過人生的一大部分。

我們很容易花太多時間活在「腦袋裡」，幾乎忘了還有個身體存在。我們可能花無數時間計畫、記憶、分析、判斷、沉思和比較。這些心智活動本身沒有「錯」，但是到最後很容易破壞身心健康。我們忘了身體，也忘了身體對思緒、感受和行為的影響，沒注意到如同詩人艾略特（T. S. Eliot）所說的，「飽經風霜的緊繃臉龐，分心之後，又被另一件分心的事情拉走」[2]。

我們許多人都不是很喜歡自己的身體——總覺得不夠高、不夠瘦、不夠有吸引力，或者機能不如從前——這會強化忽視身體的傾向。有些人內心深處有個小小的聲音在說：有一天，身體會讓我們徹底失望；有朝一日，身體會衰老死亡，不管我們準備好了沒。

這種想法可能會造成我們忽視或虐待身體，雖然不會把它視為敵人，但也絕對不會像對待朋友一般友善；身體彷彿成了陌生人。我們不理會身體傳來的訊息，結果造成比原本所想像更多的煩惱。如果身心本是一體，現在卻把身體視為有別於己的物體對待，會使得嚴重的漂泊感在生命正中心永存不滅。假設有件事情是我們需要學習，才有辦法在狂亂世界裡把平靜和「輕安自在」帶入生命中，那就是如何「回家」，回到我們長久以來忽視的身體。

要確實培養正念，
就需要再度與身體完全整合。

這是汽車教練傑森所學到的：「我知道必須找個方法，才能夠整天保持冷靜，下班後能夠放鬆。我試了各種運動，但是都覺得沒有意思。試了瑜珈之後，明白瑜珈練習和正念禪才是我需要的。我發現自己跟身體完全脫節，幾乎感知不到它的存在。

「我花了幾個星期才感受到正念禪的全部功效，但是在過程中，我一點一滴地重新掌握自己的生命。正念禪讓我脫胎換骨、以全新的觀點看待世界，這在工作上無比實用。現在我能在學生出錯的幾秒鐘前就預測出來。此外，我的同理心大幅提升，幫助我更有效地處理學生的擔憂和恐懼。

「上週，一位學生倒車時撞上行人安全島的護柱。一年前，我遇到這種情況，一定會火冒三丈、破口大罵，但是這次，我做了幾次深呼吸，跟自己說：這就是為什麼我買了保險。」

再度完整

正念課程第一週（第五章）開始培養持續的正念專注力及覺察力的流程。你可能瞥見心的內部運作，以及它「嘰嘰喳喳講不停」的傾向。你會逐漸體悟到，自己雖然無法停止妄念的生起，但是有辦法停止下一個現象發生，也就是阻止惡性循環成為自己的養分。

下一步驟是學習正念觀照身體，以深化你照見心起反應的能力。這時，你能感受到情緒澎湃的念頭起了第一陣騷動。你的身體不是擴音器，而是敏銳的情緒雷達；這是初期警報系統，幾乎在不快樂、焦慮和壓力產生前就發出警訊。但如果想「解讀」和了解身體發出的訊息，首先要學習如何細密地觀照發送訊號的身體部位。是哪些身體部位會發送訊號呢？你會很快發現，身體任何地方都可能發出訊息。這表示你練習的禪修方式必須照顧到身體每一區塊、不忽略任何細節、善待所有現象，這就是為何我們採用「身體掃瞄」[3]。

身體掃瞄

身體掃瞄禪修具有簡約之美，把身心重新整合成一個強而有力且合作無間的整體，方法是讓注意力在全身各處移動，不帶批判地觀照一會兒，才把焦點鬆開，並轉移到下一個區塊，直到你「掃瞄」整個身體為止。在這過程中，你已經在培養持續不斷的注意力，同時也品嘗到覺照的特殊滋味——以溫柔和好奇心為特色的覺察力。

為這項禪修練習做準備很重要，因此115到118頁的細節值得一讀再讀。第一週時，你已經發現一天當中什麼時段最適合禪修。最好是一天當中挪出兩個最適合你的時段，每次十五分鐘純粹練習身體掃瞄，目標是在接下來這七天當中練習六天，因此到了第二週結束時，你已經完成十二次的身體掃瞄。記得這是你獨處的時間，特地挪出來幫助內在的你（或者說是你的靈魂）充電。如果能夠找到遠離塵囂的地方、排除外界繁忙的時段，比如關掉手機，以及在家裡或公司找個安靜地點，對於禪修練習最有幫助。

有時候，你會覺得太忙太累、不可能撥出時間禪修，我們完全能了解，但別忘了禪修是來滋養你的，因此那些看似擠不出十五分鐘練習身體掃瞄的日子，可能正是你最該堅持練習的時候。這是你對自己的投資，而且這項投資會帶來豐富的收穫。一天天練習下來，你會發現，不管在家還是在工作，處理事情都愈來愈有效率，因為舊有的思考與感受習慣消耗大量的時間，帶來的利益卻不多，甚至沒有。這些習慣讓你猶豫不決、一再重複同樣的模式，就像啃咬一根乾骨頭的狗，骨頭一點養分都沒有了，牠還是瘋狂啃個不停。如果更正念分明，就能夠化解這些習氣，所釋放出來的時間也就能夠做其他用途。

身體掃瞄（錄音檔2）

1 在感覺溫暖且不受干擾的地方舒服地躺下來。可以躺在床上，或直接躺在地板或地毯上，喜歡的話，可以蓋上毯子。閉上眼睛或許有幫助，但想要張開眼睛也無妨，或者發現自己快睡著時，隨時都可以睜開。

2 花點時間把覺察力帶到身體感覺上，尤其是身體接觸所躺物體的觸感和壓力。每一次呼氣，都讓自己再往下沉一點，好像要沉到床面或地面之下。

3 溫柔提醒自己，這是「清醒」而非睡著的時候。這段期間要全然且如實地覺察經驗，而不是把它改變成你認為的樣子。你不應改變自己的感受，就連試著更放鬆或更平靜也不行。練習的重點，應該是逐一觀照身體的每一部位時，覺察任何及所有感覺。有時候，你會覺得一點感受也沒有。這時，只要意識到這個情況就可以了。注意不到任何感覺時，不用刻意想像出來。

4 現在把覺察力帶到腹部的感覺上，觀照呼吸進出身體時，腹腔的變化模式。花幾分鐘觀照呼吸進出及腹部起伏的感覺。

5 與腹部的感覺連結之後，把注意力凝聚為一道聚光燈，往下帶到雙腿、雙腳，繼續延伸到腳趾頭。專注於每一根趾頭，把溫柔且帶著興趣的注意力放到每一根趾頭上。觀照身體感覺的質地。你可能會注意到，趾頭與趾頭之間碰觸的感受，或是刺刺麻麻的感覺，或者溫暖，或者麻木，或是一點感受也沒有。不管有什麼經驗都無所謂，不需要價值判斷。看能否不帶任何色彩，如實觀照感覺。

6 吸氣時，感覺或想像氣息進入肺部，往下穿過身軀，通過雙腿而進入腳趾。呼氣時，感覺或想像氣息從腳趾流出來，往上穿過雙腳、雙腿、軀幹，最後從鼻子出來。接下來幾次的呼吸都以這種方式觀想。你可能覺得很難上手，因此只要帶著玩遊戲的心態，盡量練習就好。

7 準備好時，順著吐氣把注意力帶離腳趾，放到腳底部。把溫柔且具有探究性的覺察力帶到腳底。接著把覺察力移到兩腳的足弓，再來是腳跟。你可能會注意到一些感受，比如腳跟碰觸鋪墊或床墊所帶來的輕微壓力感。實驗如何把呼吸帶入你所發現的任何感受裡。在你探索腳底的感受時，意識到背景處的呼吸。

8 把覺察力擴大到腳部的其餘部分，進入腳背、腳踝、深入骨頭和關節。稍微刻意地深吸一口氣，把氣導入腳底，呼氣時，整個放開腳部，把注意力轉移到小腿。

9 繼續以同樣方式掃瞄全身，輪流在每個部位停留一段時間。移到小腿之後，往上移到膝蓋，然後是大腿。現在把覺察力帶到骨盆—腹股溝、陰部、臀部和髖關節。意識到下背部、腹部、上背部，最後是胸口和肩膀。輕柔地把覺察力帶到兩隻手上，這時可以先觀照指尖的感受，然後是全部的指頭，再來是手心和手背。輕輕地把注意力帶到手腕、前臂、手肘、上臂、肩膀和腋窩。接下來帶到頸部、顏面（下顎、嘴巴、嘴唇、鼻子、臉頰、耳朵、眼睛、前額），最後全然覺照整個頭部。

10 身體每一部分應停留二十至三十秒。不用精確測量時間，也不需計算呼吸的次數——輪流觀照身體每一部位，每個部位停留的時間盡可能持久，但不會到達不自然的地步。

11 察覺到身體某部分出現強烈感覺時（如緊張），請「把氣吸入」這些感覺中，並進一步探索，看會是什麼情況。利用吸氣，溫柔地把覺察力帶到感覺上。呼氣時，看看感覺會如何轉變（如果有轉變的話）。

12 心會不時飄離呼吸和身體，這是正常的。注意到這點時，溫柔地意識到這個事實，在心裡標記一下思緒跑到哪裡，再溫柔地把覺察力帶回到原本專注的身體部位上。

13 以這種方式逐一掃瞄身體各個部位後，花幾分鐘把全身當成一個整體來觀照。感受這種全然一體的感覺。看是否能以廣大如虛空的覺照力，觀照所有感覺的來來去去，覺察氣息自由進出身體的感受。

「身體掃瞄」具有深層的放鬆作用，因此練習時容易睡著，這時不需自責。如果睡著的情況一直發生，可以用枕頭把頭部墊高、睜開眼睛，或是坐著練習而不是躺著。

期望與現實

許多人進入課程第二週時，就以為能夠奇蹟似地清除心中所有念頭

（還是一心認定這是禪修的終極「目標」）。他們巴望禪修能夠平撫雜念、舒緩緊張。以班傑明為例，他發現自己無法專注。「我的腦子沒辦法關機，」他說，「我一點也不喜歡禪修。」法蘭表示同意：「我根本靜不下來，覺得很難躺著不動。掃瞄到腿部以上時，情況才好些，但幾乎到結束時，我才真正感到放鬆。我什麼都想到了：工作、購物、付帳單、跟一位同事處的不愉快。」

這些經驗是完全正常的。許多人會發現，無止盡的思緒如河流一般源源不絕，而且爭相吸引我們的注意力。有時候，我們會覺得禪修似乎沒什麼幫助，因為如果有任何好處，我們肯定能享受這過程。禪修的目的不正是如此嗎？

我們再強調一次，你多麼享受練習過程，跟禪修的長期效益不是絕對相關，這點請銘記在心。心要跟身體完全重新連結，是需要時間的，因為腦部無數的網絡必須更換路徑和強化。這個過程不見得困難，但往往不容易。為什麼？也許可以這麼解釋：

訓練注意力，就像前往許久沒去的健身房、鍛鍊長期沒練的肌肉。健身房的阻力訓練要你用手臂或腿部推舉精心選擇的重量，好讓肌肉重新培養力量。身體掃瞄也是一樣，你用比平常更久的時間，把焦點放在平常忽略的對象上——你的身體。所以要是靜不下來或感到無聊，你可以歡迎這些感受，因為它們提供你所需要的「阻力訓練」，好強化專注力及覺察力。如果維持那麼久的專注力並沒有讓你感到稍微不自在或不舒服，很可能是工夫下得不夠。妄念紛飛、焦躁不安或無聊等生起的任何現象，都可以視為訓練專注力的盟友。因此這些分心的現象出現時，盡可能溫柔地承認心已散亂，可以默默幫它們貼上標籤，比如「想、想」、「擔心、擔心」或任何適當的名稱；也可以意識到這些感受的存在，在心裡跟自己說：「啊，這就是焦躁不安，」或「無聊出現了」。你意識到心散亂之後，溫柔地把注意力護送到原本觀照的身體部位。

你會覺得有些日子難以禪修——你感到憤怒，或是對自己感到失望。這時，不用苛責自己。看是否有可能放掉「成功」及「失敗」的概念，或是「努力淨化身體」這樣的抽象想法。「照理不該如此」的念頭很容易出現，好像出現什麼感受有個樣版似的。接著你可能會注意到肩膀、頸部或背部的緊張，這些似乎證實禪修「沒有用」。其實恰恰相反，這些徵兆顯示身體掃瞄正在透露重要的事情。因為經年來，這也許是你第一次即時注意到心如何造成身體的緊張。很快的，你會發現，身體也會造成心的緊張，而形成自我相續的循環。覺察到這個現象，就是一大發現。你花更多時間觀察身心的緊張，就會逐漸明白，光是覺察這個動作，就能夠化解緊張。你什麼都不用做，只要帶著友善的好奇心觀察即可。其他一切隨之而來。

有些人再怎麼努力，就是無法感受到身體某些部位（甚至大多部位）的任何感覺，至少剛開始是如此。這往往是他們第一次注意到這個現象，因此相當震驚。他們能感受疼痛，而且觸感依然完好如初，但是身體完全運作時，平常那些普普通通、持續存在的細微感覺，他們就察覺不到了。如果你也有同樣情況，請繼續按照錄音檔的引導來禪修。或許，想像自己是自然博物學家會有幫助，你耐心等候怯生生的動物出沒，雖然周圍看似沒什麼動靜，但你還是一直按下相機快門。請記得，你不是要尋求特別的事情發生。最後，你可能會發現身體某部分有感覺閃現，即便只是一閃即逝。一旦覺察到感受，注意力停留在該處的時間請自行延長，比錄音檔建議的時間還更久一點，並且稍微更加深入地探索那種感受的特質，然後才繼續其餘的身體掃瞄。在這週的課程裡，你可能會愈來愈察覺到身體，並逐漸與它重新連結。

艾莉莎發現，在某些日子裡，心特別難以駕馭，不過她逐漸接受這個現象，明白這是把一切視為威脅或挑戰的舊習慣。重複練習身體掃瞄，讓她體認到一個事實：試著抵抗散亂不安的心，只會陷入自我挫敗的循環而已。最後，她終於打從內心深處體認到，禪修不是競賽，不是需要追求完美的複雜技巧。唯一需要自律的部分，是規律且頻繁地練習。她學習如何與煩躁「同在」——探索它，而不是把它當成不速之客一般驅逐出境。她學習用開放且好奇的精神來練習禪修。

有時候，尤其在初期，她練習身體掃瞄一直睡著。起先她覺得很氣餒，但逐漸明白，每天工作時間長，晚上又睡得不夠，當然會累，所以這是非常自然的。她再次醒過來時，就從上次停下來的地方繼續練習。但有時候，她會純然享受這種打盹的時光，而不苛責自己。不因為睡著而責怪自己或感到內疚，表示她更熱切期待下一次的禪修練習。

這種友善對待身心的精神，是禪修的重點。因此感到禪修「做得不好」時，甚至可以把它當成覺察的契機，練習不帶批判地接受原本的自己，騰出空間來包容這些「失敗」的感受；觀照這些熟悉的評判以一團團念頭、感受和身體感覺的形式來來去去。看看是否有可能觀看它們在身體和心裡生生滅滅。

身體掃瞄透露了心的行動模式

我們逐一列出身體掃瞄時可能會經歷的所有現象，尤其是所有可能的困難，或許讓這項練習看似為艱難的苦差事，但情況不見得如此。許多人覺得這是長久以來最令人放鬆的經驗。一位學員表示，簡直像去做水療，漂浮在溫水裡——而且還更便宜！另一位說，很像與幾十年不見的老友重逢。她覺得跟自己最深層的部分產生深厚的連結，不禁湧出喜悅的眼淚。

為何提到以上那些困難？首先，如果身體掃瞄似乎沒有立即讓你解脫壓力，我們不希望你感到失望。但還有第二個理由，而且這個理由讓身體掃瞄成為最重要的練習之一。

記得心的「行動」模式嗎？它似乎永遠不讓你好過，讓你陷入焦躁不安及瘋狂忙碌之中。可翻回48頁複習「行動」模式的特色，包括評判一切、比較事情的原本狀態和你希望的模樣、努力讓事情跟原本不同、大多時候依賴自動導航器來運作、迷失在你認為是真實且關乎自身的念頭裡。行動模式包括活在過去或未來中，以及避開你不喜歡的情況。最後，行動模式以間接的方式看待世界，中間隔著一層由概念組成的面紗，這些概念讓你的感知電線短路，讓你再也無法直觀自身和世界。

你認得出行動模式的這些面向嗎？

上述每個特色，都可能是練習身體掃瞄時的常客，但也是我們的老師——幫助我們辨認行動模式出現的時候，看到它試著重掌大權、盡力干涉，好用它唯一熟知的方式幫我們脫困。因此，如果覺得坐立難安、心煩焦躁、無聊透頂、昏昏欲睡，或是想逃避某個討厭的身體部位，這正是如實觀照的契機，是你逐漸面對而非逃避的機會。或者，你發現自己靠著自動導航器運作，心飄流到過去或未來，你可以意識到這個現象，觀照心跑到哪裡，然後一次又一次地把它帶回家。注意力一再飄離和回來，是美好的練習機會，讓你能優雅地從行動模式轉移到同在模式。有時候，你會發現自己在思考身體的一個部位，體認到自己其實一點都不是「由內」感受；你迷失在概念裡，是在分析而不是感知。注意到這個現象時，你可能會忍不住會心一笑，看到心是如此機靈巧妙地回到自己的如意算盤上！會心一笑代表覺醒，代表再次直接經驗全然活在當下的滋味。

好，如果你還沒體驗過身體掃瞄，請暫停一下，決定何時開始練習。一旦決定之後，你可能會想閱讀115頁的引導。到了練習時間，請遵照附贈錄音檔2的禪修引導。

舊習破除活動：散步

散步是極好的運動，能有效解除壓力、振奮心情。好好散步一趟，能以正確客觀的角度看待世界，平撫焦躁緊繃的心情。但如果你真的想要體會活著的感覺，那就在風中或雨中散步！

第二週期間，建議你至少出去散步一次，為時十五到三十分鐘（更長也可以）。不用去什麼特別的地方，帶著開放的心在附近走走，也可以跟在山林裡健行一樣有趣。

不用覺得非得匆忙趕到某個地方不可；目的是盡可能正念分明地走路，覺察兩隻腳踩在地上的感覺，感受腿部和腳部的所有肌肉筋腱流暢移動的感覺。你甚至會注意到，走路時全身都會動，不只是腿部。留意所有的景象、聲音和氣味。就算你身處都市，還是會看到和聽到為數驚人的鳥兒動物到處飛舞奔竄。注意當牠們發現被你看到時，會如何反應。

看看是否可能對所有感知到的現象抱持開放態度：嗅聞花朵的芳香、剛修剪過的草地清香、冬天樹葉發出的濕腐味，或是汽車排放的廢氣及速食店的油煙味；看你是否能感受到輕拂過臉龐的微風，或是打在頭上或手上的雨滴；聆聽空氣移動的聲音；看看光影是如何出奇不意地轉變。不管你住在哪裡，每個季節的每一時刻都有許許多多令感官愉悅的事物。

也試著停下腳步往上看。如果住在城市，你會很驚訝有那麼多美麗的建築景觀位於視平線之上，你也可能看到草叢或甚至樹木從屋頂及導水槽長出來。如果在公園或鄉下，你會看到各式各樣的東西，從鳥巢到隱藏在樹叢裡的蜂巢都有。如果你更有企圖心，可以參加地方舉辦的健行隊，這可能是終生嗜好的開始。

珍視此時此地[4]

快樂就是以不同的觀點看待同樣的事物。

生命只發生在當下這一片刻。過去和未來只是念頭，所以好好把握當下，因為你不知道自己有多久可以活。這是個正面的訊息，有助於我們以欣賞的態度注意當下現象。你對於此時此地賦予多少帶著欣賞的專注？靜下心來，看看四周。你對「現在」有什麼感覺？

你不用等待未來，一心期待未來會比現在更好。你現在就可以找到更好的當下。

第一週時，你可能已經發現，美麗的事物是多麼容易錯過，投注其上的注意力是多麼微薄。請花點時間為單純的事物、每日的慣例暫停腳步。也許你能多加留意這些生命中的活動或臨時事件。

生活中的哪些人事物讓你感覺不錯？你能夠給予這些活動額外且帶著欣賞的注意力嗎？

- ……………………
- ……………………
- ……………………
- ……………………
- ……………………
- 快樂時刻出現時，你能夠暫時停下來品嘗嗎？
- 注意以下現象來幫助自己暫停腳步：
- 你在這些時刻有什麼樣的身體感覺？
- 有什麼樣的念頭？
- 有什麼樣的心理感受？

十根手指的感恩練習

要能夠正面欣賞生活中的小事情，可試試看感恩練習。方式很簡單，你每天回想一次令你心懷感恩的十件事情，用手指頭計算。重點是要想到十件事情，雖然三、四件事情之後，就愈來愈難想得出來！而這就是練習的目的——刻意覺察到當天微不足道的小事情，那是你之前沒有留意的元素。

我們很難想像，輕鬆散步這種簡單活動所帶來的轉變力量是多麼強大（見上頭框格的「珍視」），珍妮的經驗，許多人都體會過：「一天早上，我在市中心沿著河岸散步。那是個很美的早晨，但我發現自己的心情一陣低落，因為突然想到，要是自己生了重病，伴侶和家人該怎麼辦。這個念頭不知從哪裡冒出來！我並沒有試著打壓這樣的負面念頭，只是停下腳步，溫柔地告訴自己：事情還沒發生；擔心，擔心，擔心。不一會兒，我看到一隻海鷗停歇在一根木樁上，然後才發現，沿著河岸的每根木樁上都坐著一隻海鷗，而且每隻面對的方向都稍微不同，這幅景象太滑稽了，我忍不住噗哧一笑，結果接下來幾個小時都心情愉快。」

第二週的練習

- 身體掃瞄（錄音檔２）一天至少兩次，七天中練習六天。
- 正念分明地進行另一個平日活動（見９３頁）——請選擇跟上週不同的事情。
- 舊習破除活動——這週至少散步一次，每次至少十五分鐘。

7

第三週：迷宮裡的老鼠

這座星球有個（或曾經有個）問題：大多居民幾乎大多時間都不快樂。雖然已經提出許多解決之道，但是大部分都跟綠色小紙鈔的動向有關。這實在令人納悶，因為整體而言，不快樂的並不是綠色小紙鈔。

——道格拉斯・亞當斯（Douglas Adams）[1]

有位旅人來到希臘小島，看到一名小男孩用盡千方百計，只為了讓家裡養的驢子移動一步。男孩小心翼翼把生鮮蔬菜裝入驢子的馱籃裡，打算運走，但是驢子偏偏不想動，男孩愈來愈氣急敗壞，開始大聲臭罵驢子，站在牠前面猛拉繩子，不過驢子不為所動，四個蹄子穩穩踩在地上。

要不是祖父出面，這場拔河大概會持續很久。祖父聽到騷動，走到屋外，瞥見這熟悉的景象——人與驢的不平等之戰——立即明白了癥結。他輕輕拿過孫子手中的繩子，微笑說：「等牠有心情時，試試看這個方法：像這樣鬆鬆握著韁繩，然後緊貼牠旁邊站著，往下注視你要去的方向路線，耐心等著。」

男孩遵照祖父的吩咐，結果不一會兒，驢子就開始往前走了。男孩開心地咯咯笑，旅行者看著一人一獸肩並肩，踏著輕快的步伐快快樂樂地往前快步，消失在遠方的轉角。

你生活中，是不是常表現得像那位猛拉韁繩的小男孩？事情不如意時，我們常常更加把勁，朝著想去的方向猛扯硬拉。但是不屈不撓地一直朝著單一方向推進，是否永遠是明智之舉？還是我們應該聽從故事裡祖父的忠告，暫停一下，等待事情自然發展，才能夠在契機來臨時一眼看出？

對大部分人而言，這種態度簡直不可原諒，因為這代表被動，然而這反而是最佳的行動方針。硬是要催逼一頭驢子，對問題鑽牛角尖，可能會讓情況更加惡化。逼迫太緊，你的心可能因此關閉停工，無法創意思考、陷入令人疲憊的惡性循環。心若能保持開放活潑，正念分明，那麼富有創意的覺察力更容易培養茁壯。

馬里蘭大學（University of Maryland）的心理學家於二〇〇一年發表了一項實驗結果[2]：他們請一群學生玩簡單的迷宮遊戲，用鉛筆從迷宮中央開始畫線尋找出口，過程中，鉛筆不能離開紙張，你可能記得小時候玩過這個遊戲。學生被分成兩組，目標都是幫助一隻卡通鼠安全回到鼠洞，但是有個轉折：其中一組的迷宮出口附近，畫了一塊看起來美味可口的乳酪，就在鼠洞前方；用專門術語來說，這是正面（或趨向導向）的謎題。

另一組的迷宮沒有乳酪，而是畫了一隻隨時會飛撲下來用利爪捕捉老鼠的貓頭鷹，這是負面（或迴避導向）的謎題。

迷宮很簡單，所有學生都在兩分鐘左右完成，但是迷宮對於學生的事後影響出現兩極化的現象。在完成迷宮後，研究者請所有學生做不同且看似無關的測試來衡量創意。結果，迴避貓頭鷹的受試者的表現，比幫助老鼠找到乳酪的學生還差五成，因為迴避「關閉」了學生心中的可能性，也觸發他們心中的「反感」通路，讓他們處於揮之不去的恐懼，警戒感提升，創意減弱，變通能力也跟著降低。

這種態度跟幫助老鼠找到乳酪的學生相較，真有天壤之別。後者對於新的經驗更是開放，心情變得更活潑自在、較不拘謹、樂於實驗。簡言之，迷宮經驗打開他們的心。這項實驗及其他類似的研究顯示：

你做某件事所抱持的精神，往往跟行動本身同樣重要。

思考一下這點的重要性。做事時如果抱持負面或苛責的心態，比如鑽牛角尖、憂心忡忡或忍氣吞聲，就啟動了心的反感機制，窄化生命的焦點。你會變得像具有貓頭鷹情結的老鼠：更為焦慮、更沒彈性、更無創意。然而，如果你抱著開放、歡迎的心態從事一模一樣的事情，就會啟動心的正向機制：生命有機會變得更豐富、溫暖、靈活、有創意。

受困的感覺最容易啟動內心的迴避機制（以及壓抑趨向機制）。這種受困的感覺，也是導致疲憊及無助等極端感受的主因。許多工作太認真或加班過多的人，最後會被自己的完美主義和責任感囚禁——他們內心深處覺得「無處可逃」。這可能是因為，他們過去在家中或學校曾經覺得被欺負，想要向自己或他人證明某種本事，但是多年下來，這種心態已成為劇本，把他們鎖在舊習之內，這份霸凌劇本可能曾經幫助他們得到生命中想要的事物，但現在只會讓他們耗盡力氣。這麼一來，我們太容易就把所有權力轉讓給「自我攻擊」的那一面，久而久之，內心深處會覺得，唯一的因應之道就是向壓力屈服。深陷困境時，不管現實狀況如何，你的世界似乎提供愈來愈少的行動選擇，於是你長期處於「亟需休養」的狀態，玩遊戲的活潑心情被水泥覆蓋。

疲憊感一定會讓你停止冒險——你只想躲在角落，希望世界離得遠遠的，不要來煩你，或至少不再注意你。這些行為模式不只在人類身上出現，在所有動物中都很常見，但是對人類卻會造成過重的心理負擔，帶來憂鬱、長期性壓力及疲累，特別是認真任事的人，更易受到影響。要是努力脫離這些模式卻徒勞無功，會導致更大的焦慮、壓力和疲勞，就會帶來失敗感——陷入精疲力盡的狀態，抑鬱很快就會遍及身心每個角落。

雖然這些惡性循環力量無比強大，但只要有所覺察，就能逐漸將之化解。惡性循環賴以維生的是心的行動模式（它雖然成事不足敗事有餘，卻自告奮勇伸出援手），因此光是面對及觀察，就能打破惡性循環。行動模式讓你更加陷入自己對自由的想法，加深了厭惡感，並且更加要求事情應該跟原本不同。因此，你被困在自由的幻想裡，錯過了現實情況中原本可以得到的自由。

正念課程第三週進一步強化你對身心的覺察力，讓真正的自由又接近了一步。

正念的建立與精鍊

現在，你可能已經體會到正念力量對於生活品質的改善。許多改變是很微細的，你可能睡得較好，隔天稍微感到更有活力。你可能比較不容易動怒，變得比較愛笑。負面思緒背後的動力可能開始降低。你也可能開始注意到出奇不意的喜悅，比如公園花朵的嬌嫩美麗，或是樹上鳥兒一來一往啁啾應和。其他好處可能慢慢浮現，意想不到的時刻就會現身。

弗雷迪就有所體會，表示：「我剛交了報稅表，而且過程毫不痛苦，相當反常。通常我在計算和填寫報稅表時，會帶著壓力和怒氣，心情焦躁不安，幾乎是一整年裡最糟的一天。今年，我大概花了平常一半的時間就完成了，然後與朋友出去小酌一番，我突然發現自己完全沒有感到壓力，非常奇怪，也令我覺得慶幸而大鬆一口氣。我確定這是每天練習禪修的結果。」

正念有助於重新定位人生方向，於是能充分享受生命。但這不表示疲累和痛苦就此消失。你有時還是會感到悲哀，但是悲傷來臨時，比較有可能成為帶著同理的悲心，而不是帶著苦澀與憤怒、許多人視為痛苦的腐蝕性情緒。因此，你看到其他人塞在車陣當中，焦急不耐或一副臭臉時，可能會替他們難過；你看到公車上、公司裡張張憂愁的臉龐時，能夠對他們的痛苦感同身受。這很正常。對一些人而言，體會他人的情緒重擔並不好受，有時候甚至難以承受，尤其如果你幾十年來習慣壓抑自己的情緒，更會覺得無法抵禦。

讓自己敞開心胸，培養同理心，是很重要的，因為對自己及他人的慈悲會從這悲欣交集的情緒中生起。慈悲（尤其是對自己的慈悲）無比重要，能夠帶走永無止盡的自我苛責。你最後能更清楚看到，生命中有些事情沒有原本以為的重要，你原本對這些事情過度在乎，現在可以放下了。你會發現它們白白消耗能量，這些能量本來可以用來對自己和世界更慷慨一點。

蘋果電腦執行長賈伯斯（Steve Jobs）是很認真的禪修者，他與癌症擦肩而過之後明白了這個道理：「提醒自己死亡將至，是幫助我做出人生重大抉擇時最重要的工具，因為幾乎每件事——所有外界的期望、所有名譽、所有對困窘或失敗的恐懼——在面對死亡時，全消失了，留下的只有真正重要的事物。」[3]

把正念織入日常生活中

你如何在日常生活中建立上述的真知灼見？前兩週的正式禪修練習介紹了穩定內心及培養專注的方法。正式禪坐與覺察例行活動的非正式練習，都在為每日的正念奠定基礎，這種覺察力會悄悄進入日常生活中，幫助你充分且如實觀照世界，而不是看到你所希望的世界。我們已逐漸揭開心的運作機制，也提出念頭不等於你的可能性。光是看清這一點，就能帶來驚人的解脫感，幫助你擺脫一些有害的思維習慣，在你感到壓力又疲憊不堪時，這些習慣會定期掌控你的心，榨取你對生活的熱忱。

第三週強化這樣的覺察力，更緊密地把它編織到日常生活中。第三週練習三種為時較短的禪修，我們建議你在下個七天中選六天練習。

第三週的練習[4]

- 八分鐘的「正念伸展」，緊接著八分鐘的「觀呼吸與身體」（見139頁及145頁）。
- 三分鐘的「呼吸空檔」禪修，每天練習兩次（見150頁）。
- 舊習破除活動：「評估電視的價值」（見152頁）。

不費力的伸展：正念伸展

動作對於心的影響，可以像身體掃瞄一樣深層及舒緩。簡單來說，這種禪修就是把覺察力鎖定在移動的身體上。它增添了一個實驗室（或遊樂場）來探索錯綜複雜的心。

正念伸展由四個相連的伸展動作組成，用幾分鐘練習，能夠讓身體的許多肌肉和關節重新回到正位，釋放日常生活中累積的壓力。你會發現，做這些運動時，跟隨錄音第三首的引導幫助最大，因為所包含的動作相當精確。不過，我們也在139頁給予詳盡的指示，讓你對流程的要求有紮實的了解。你的目標是在下個七天內選六天練習，練完正念動作禪之後，請馬上進入觀呼吸與身體（145頁及錄音檔4）。

你挪出時間用這麼緩慢的速度移動，很自然會覺得有點笨重及不自在。看看是否能探索這些感覺，但重點是做這些動作時要溫柔對待自己。這裡的目的不是要感受疼痛，或是努力超越身體極限，這點必須再三強調。你伸展時要讓身體的智慧決定，伸展到什麼程度及維持多久是可以接受的。

尤其要注意的是，如果背部或其他部位有生理問題，請務必先洽詢醫師或物理治療師，才能開始做這些簡單的伸展動作。如果患有舊疾，一旦感到輕微不舒服，就應該檢視自己是否安好，是否習慣對自己要求太高。你可以試著維持一個姿勢，直到撐不住為止，然後稍為放鬆。每分每秒都要聰明判斷，看是否要再撐久一點，探索更多感覺，或是換下一個姿勢。你原本以為，不舒服就是不舒服，現在可能會發現不舒服是會起起伏伏並且來來去去。正念伸展的宗旨，是在練習伸展時培養覺察力，而不是與自己或與他人較量。

正念伸展[4]（錄音檔3）

1 首先，打赤腳或穿襪子站著，雙腳平行與肩同寬，膝蓋放鬆微彎不鎖死。

舉起雙臂

2 接著，在吸氣的同時，正念分明且慢慢地把雙臂從兩旁舉起，與地面平行；呼氣之後，在下一次吸氣時，保持正念，把雙臂繼續往上延伸，雙手來到頭部上方。手臂移動時，看能否全然觀照肌肉舉起手臂，而後維持雙手伸直的感覺。

3 讓呼吸以自己的速度自由進出，雙手繼續往上延伸，指尖輕輕推向天空，雙腳穩固往地下紮根。花些時間體會全身肌肉關節進行伸展時的感覺，從腳底到腿部一直延伸到軀幹、肩膀，再進入手臂、手與指尖，不管哪裡出現感覺，都保持觀照。

4 維持這個伸展姿勢一陣子，同時讓呼吸自由進出流動，觀察其變化。維持姿勢的同時，請抱持開放態度面對每一次吸氣和每一次吐氣時經驗的身體感覺。如果注意到身體愈來愈緊繃或不舒服，也開放心胸接納這些感受。

。

5 準備好時，一邊呼氣一邊緩慢地（必須非常緩慢）放下手臂，過程中請觀察感覺的變化，也許包括衣服與皮膚的摩擦。仔細觀照過程中的所有感覺，直到手臂回到身體兩側且自然下垂。

6 如果剛剛眼睛一直是睜開的，現在可以輕輕閉上。在這一系列的每個伸展動作做完之後，請繼續站在原地，把注意力放在呼吸的起伏及全身的感受，留意伸展之後的影響。

「摘水果」

7 接下來，張開眼睛，正念分明地先把一隻手往上延伸，彷彿要摘取樹上一顆搆不到的水果。沿著手指向上看時，全然關照全身及呼吸的感覺。伸展時，讓另一隻腳的腳跟離開地面，感受全身的延展，上至延伸的指尖，下至另一隻腳的腳趾。放鬆時，先讓腳跟回到地面，然後放下手臂，想要的話，可以讓視線隨著指尖下來，過程中，留意眼睛所看到的顏色和形狀。接著把頭回正，閉上眼睛，感受剛剛伸展的效果，以及呼吸的感受，才繼續把另一隻手往上伸展「摘水果」。

側彎

8 現在，正念分明且緩慢將雙手插腰，讓軀幹整個往左彎，骨盆稍微往右移，使得身軀形成一條往側延伸的大曲線，從腳底延伸到臀部和軀幹，有如新月的形狀。想像身體的前後各緊貼著一大片玻璃，因此身體側彎時是平平地下去，不會前彎或後倒。接著吸氣時，回到站立姿勢，呼氣時，慢慢地往相反方向側彎，形成一個曲線。側彎得多深並不重要（甚至站著不動都行），重點是做動作時，專注力的品質。你覺察到這個伸展動作帶來什麼後續影響？

轉肩

9 最後，手臂毫不施力地自然下垂，試著轉動肩膀。首先雙肩往耳朵的方向盡量上提，然後往後轉，彷彿要讓兩片肩胛骨緊靠在一起，完全降下來之後，盡可能往前擠，彷彿要讓兩個肩頭在身體前方碰觸。讓呼吸來決定轉動的速度，所以是吸氣時轉半圈，呼氣時轉另外半圈。繼續用「轉動」的方式串連這四個姿勢，盡可能讓動作流暢及保持正念分明，先往後轉，再往前轉。

10 在這一連串的伸展動作結束時，靜止一會兒，接收身體的感覺訊息，才進入下一階段：坐禪。

正念動作禪的效果因人而異。有些人覺得帶來安慰，其他人覺得釋放出對於身體長期壓抑的顧慮。艾瑞兒覺得伸展動作帶來極大的舒適感，表示：「之前禪坐時，心非常亂，但是做動作時就比較容易專注。」

瑪姬一開始也覺得比較容易專注，但後來發現自己太用力了：「後來發現，在往上伸展要摘那顆可惡的水果時，我咬緊牙根，而且深鎖眉頭！」

練習伸展時常發生這種情況，這就是為何禪修指示要你不只專注於動作帶來的身體感受，還要注意你如何認知這些感受。瑪姬過於努力地伸展，超出身體的能力。她咬緊牙根和深鎖眉頭是反感的徵兆，也就是她做得過火，內心的某個地方不喜歡這樣。在這種情況中，臉部做出皺眉動作是很奇妙的事，彷彿推擠前額會神奇地幫助手臂伸展！「一會兒過後，」瑪姬說，「我意識到自己的行為，不禁笑了出來，結果身體放鬆了，也覺得動作比較流暢。」

賈克的經驗跟瑪姬大相逕庭。他發現自己伸展時不敢動得太多，只要有輕微的不舒服或任何用力的感覺，就立刻減緩動作。「幾年前工作傷了背部，雖然醫生表示完全無礙，但從那時起，我就一直怕過度運動。因此你說往上延伸時，我一直提防緊繃的跡象，稍微感到一點拉扯，就趕快放鬆。」

賈克的經驗很重要。禪修及瑜珈老師一直強調要非常溫柔地對待身體，但是賈克遭遇的意外事故很可能讓他過於謹慎。碰到這種情況，我們會請你在一個伸展動作快要結束時，尋找及探索身體的邊界。邊界可分為軟和硬，「軟邊」是身體開始感到些許強度的時候，「硬邊」是身體已經到達當時的極限[5]。我們請你在「軟邊」附近待久一點，尋找過於努力和完全不敢伸展之間的中間地帶，探索身體起了什麼變化，維持輕柔、仁慈的覺察力，直接感知伸展時肌肉和關節的運作。

在伸展過程中，你可能會察覺到各式各樣的感覺，從深層的舒緩到不舒服都有可能。這些感覺為心提供重要的固定點，看能否以全然的覺察力加以探索。你也許會注意到，身體某些部分因為多年來累積的壓力及擔憂而繃得特別緊，一些肌肉似乎是壓力的匯集點，縮成硬梆梆的一團。這個現象在肩頸部位可能特別顯著。你可能會驚訝地發現，一些以前身體做得到的伸展動作，現在卻無法完全執行。但此時非彼時，與其評判自身的侷限，不如看看能否探索及接受，畢竟侷限提供了原始材料來擴大覺察力，讓你知道自己的侷限，以及如何更善巧地理解它們。

你有辦法不費力地伸展嗎？

要是能從伸展練習中學到這點，可能也有辦法應用在日常生活中。逐漸地，你會如實看到感覺就是感覺，而不會加以忽略或驅趕，也會注意到任何生起的分別評判。伸展提供機會，讓我們看到不熟悉的身體感覺如何觸發緊張不安的念頭與心理感受。你可能會注意到心理感受不斷冒出來，化身為暴躁、憤怒、悲傷、恐懼或一陣淡淡的渴望。看能否注意到這些感受而不被其牽絆，然後伴隨著注意力回到伸展帶來的身體感覺，或任何一個伸展動作的後續影響。

刻意敞開心胸接納任何輕微的不適（包括生理與心理），就是在給予自己善意及慈悲，也減弱了「碰到不喜歡的身心狀況就想逃避」的傾向，所以不會做得過度。許多人表示，到了最後，初期的不適會減退，取而代之的是幾乎具有治療效果的舒緩感覺。

觀呼吸與身體

課程第一週介紹短時間的觀呼吸，現在第三週又回到呼吸與身體，建議你在正念伸展之後立刻練習。許多人表示，靜坐前有沒有先做伸展運動，差別很大，看你是否也有同感。

觀呼吸與身體[4]（錄音檔4）

1 調整坐姿，讓你能夠全心全意處在當下。

2 現在把覺察帶到呼吸上，觀照呼吸進出身體時，腹部的起伏。氣息出入時，留意這個部位的身體感覺變化模式。

3 盡可能讓注意力綿綿密密，才能夠在每次吸氣的整個過程和每次呼氣的整個過程中，觀照到身體感覺的變化，或許還注意到吸氣與下一個呼氣之間的空檔，以及呼氣和下一個吸氣之間的空檔。

4 完全不用任何方式控制呼吸，讓呼吸自然運作就好。

5 幾分鐘之後，隨著進出身體的呼吸，刻意讓覺察的範圍從呼吸擴大到全身。

全身

6 看能否感知到全身上下所有不同的感覺（不管感覺為何），以及全身坐在那裡呼吸的整體觀，比如覺察身體接觸地板、椅子、坐墊或禪凳的部位所產生的感覺有無特定模式——觀照腳或膝蓋碰觸地板、臀部接觸支撐物，以及雙手放鬆置於膝前，或在大腿上結手印的觸感、壓力或觸點。

7 在廣闊無邊的覺察當中，盡可能觀照到所有這些明確的感覺，同時感知到呼吸與全身，意識到注意力的「鏡頭」可以把焦點縮小或放大。留意任何愉悅、不愉悅或中立性的感受，帶著友善的好奇心無時無刻地觀照身體生起的任何現象，以及你對它們的反應。

8 身體任何地方產生強烈感覺，尤其是不愉悅或不舒服時，你的注意力會一再被拉走，無法專注於原本觀照的呼吸與全身。這時可以選擇轉換姿勢，並且在產生換姿勢的意念、換動作時和其後續影響的整個過程中，都維持正念分明。或者可以做個實驗：刻意把焦點直接帶到感覺最強烈的區塊，盡可能以溫柔且有智慧的注意力探索該處的微細變化——感覺的特質到底為何？到底位於何處？會因為時間而改變嗎？或是在身體各處移動？跟「身體掃瞄」時一樣，試著把呼吸當成運輸工具，利用呼吸把覺察力攜帶到這些感覺強烈的區塊，把氣「吸進」該處，再從該處吐氣。

9 對於當下已經存在的感受，盡可能抱持開放態度。這時，看能否透過直接體驗而「知道」感受為何，而不是思考它，或是編造可能的含意。

10 每當發現自己被強烈的身體感覺、念頭、心理感受或白日夢「帶走」，請溫柔地與此時此地重新連結，方法是把注意力帶回到呼吸的起伏上，或是全身坐在這裡的感覺。

耐心對待散亂的心

在練習觀呼吸及身體之類的「坐禪」時，念頭比較容易散亂，可能讓你深受挫折。練習兩、三週之後，你可能認為應該要看到一些進步，但你覺得還是無法控制自心。其實不用氣餒，因為連有多年經驗的人也還會有這種感覺。

理由很簡單：禪修的目標不是淨除雜念，也不是控制自心。這兩個現象是禪修的副產品而非目的。如果目標是淨除雜念妄想，那麼你只是在與懷有高超絕技的對手比賽摔角而已。正念是個非常有智慧的方式，像顯微鏡一般呈現心最深層的變化模式。你開始看到正在運作的心，也會觀照到念頭什麼時候跑走。

強烈感覺生起時，你注意到「疼痛」是如何創造出來，一開始只是不舒服，但是念頭開始繞著這個不舒服打轉，尤其想到不知會持續多久，更是讓你覺得疼痛難耐。觀察念頭就像在廣大空間裡輕輕托著它，而光是這個舉動就能讓它舒緩下來。念頭往往會擴散蔓延開來。你狂亂的心靜下來，並不是因為所有念頭都不見了，而是因為你讓它們呈現本來面貌，至少在這一刻，你不去改變它們。每天的練習會持續提醒你這一點，因為這個道理太容易讓人忘記。

這樣的提醒，一再地提醒，就是覺察。

三分鐘呼吸空檔

正念覺照的一大諷刺，是在你最需要它時，它似乎就消失了。你因為長期壓力而愈來愈疲憊，往往會忘記正念是多麼有用；周遭世界提出來的要求似乎是那麼殘酷無情，令你覺得招架不住，正念可以幫助你處理這樣的感受。怒火燃燒時，難以想起為何要保持冷靜。焦慮或緊張時，會覺得根本沒有時間或閒情擠進二十分鐘的禪修。壓力大時，心最不想要的就是正念——舊有思維模式的誘惑力無比強大。

三分鐘的呼吸空檔就是設計來面對這種情況。這是迷你禪修，是為時較長的正式禪修與每日需求之間的橋樑。許多人表示，這是整個正念課程中所學到的最重要練習，雖然最簡單也最快速，但是最大挑戰就是必須記得練習。

其影響有二：第一且最重要的是，這個禪修練習是用來時常打斷一天的流程，好像下標點符號一樣，所以不管面臨什麼情況，你都更容易維持正念慈悲的態度。根本上來說，負面思維模式還來不及控制你的生活（甚至在你還沒覺察到之前），迷你禪修就先把它化解了。第二，這是緊急禪修，在你感到壓力時，能夠清楚看到每一剎那所生起的念頭感受，能夠在念頭即將失控而掉入負面漩渦時暫停一會兒，幫助你以慈悲心重新看清事實，而回到當下這一刻。

三分鐘呼吸空檔把正念課程的核心元素濃縮成三步驟，每步驟約一分鐘。在本課程的第三週，我們建議，一天練習兩次呼吸空檔。什麼時候練習，取決於你，但是每天挪出固定時段堅持練習是有道理的，這樣它就會成為每日例行活動的一部分。頭幾次最好跟著錄音檔（第八首）上的引導，但幾次之後，請儘管自行練習，默默引導自己禪修約三分鐘，維持三步驟的結構。先閱讀以下書面的禪修細節也很值得，這樣才能夠熟悉其沙漏模式（見151頁）。

三分鐘呼吸空檔（錄音檔8）

第一步：覺察

刻意採取挺直端正的姿勢，坐著站著都行，可能的話，閉上眼睛。

接著，把覺察帶到內心經驗並意識其存在，自問：現在的經驗是什麼？

- 現在心中飄過什麼念頭？盡可能把念頭視為內心活動。
- 現在有什麼感受？把焦點放在任何不舒服或不愉快的感受，意識其存在，但不試著改變它。
- 現在有什麼身體感覺？可以快速掃瞄全身，察覺有無緊繃或振奮的感覺，承認這些感覺的存在，但同樣不要改變它。

第二步：集中注意力

現在，把注意力縮小成一個「聚光燈」，聚焦於呼吸的身體感覺，尤其是腹部的位置……吸氣時腹部擴張……呼氣時腹部落下。吸氣及呼氣的整個過程中，都要正念觀照，把每個呼吸當成把自己固定在當下的機會。要是心散亂，就溫柔地伴隨著注意力回到呼吸上。

第三步：擴大注意力

現在，把注意力的範圍從呼吸擴大到全身，包括姿勢和臉部表情，彷彿全身都在呼吸。如果察覺到任何不舒服或緊張的感覺，請儘管把注意力帶到感覺強烈的地方，想像氣息流入感覺之中及其四周。這時，你是在探索感覺、善待感覺，而不是想用任何方式改變。注意力如果不再被感覺拉去，請回到坐姿的觀照上，每個當下綿綿密密地覺察全身。

呼吸空檔的沙漏形狀

我們可以把「呼吸空檔」的覺察狀態用沙漏的形狀來譬喻。沙漏頂部的寬口就像呼吸空檔的第一步。這時你開放注意力，溫柔地意識到任何進出覺察範圍的現象。這讓你看到自己是否陷入心的行動模式，如果是的話，請脫離其牽絆，轉移到同在模式的全然覺察當中。這麼一來，你就是在溫柔地提醒自己，目前的心境不是堅固不變的「事實」，而是由互相牽連的念頭、感受、身體感覺和行動衝動所主導。這些念頭感受會（確實會）起伏消長，你可以覺察起伏消長的現象。

呼吸空檔的第二步就像沙漏中央縮小的頸口，注意力聚焦在下腹部的呼吸上。你專注於呼吸的身體覺受，心飄走時，溫柔地把它帶回呼吸上。

這麼做有助於把心固定，把你拉回並停留在當下這一刻。

呼吸空檔的第三步就像沙漏漸寬的底部，你在這裡敞開覺察力。在這廣闊的心境中，你開放且如實面對生命，讓自己準備好面對當天接下來的時刻。在這裡，你溫柔但堅定地再次鞏固「我在世界佔有一席之地」的感覺——整個身心回到原本的狀態，寧靜莊嚴、圓滿具足。

舊習破除活動：重新評估電視的價值

我們看電視的積習已久，很容易習以為常而不再重視。下班後回到家，很容易就坐下來打開電視，然後一直看，一直看……。也許有更有趣的事情可以做，但不知怎麼的就是提不起勁來，接著開始怪自己看電視：明明就有更有意義的事情好做，卻歪在電視前動也不動，實在不長進。

你有辦法讓電視更有價值、更尊敬它嗎？

這週選一天，拿一份電視週報，或上網查詢節目時刻表，看看你真的想觀賞哪些節目，不管是有趣的、好看的、既有趣又好看的都行。（如果沒有電視，可換成廣播節目或其他習以為常的娛樂活動。）在你選定的那一天，只觀賞你確實選擇要看的節目，而且在節目與節目之間關掉電視。

這時可以看書讀報，打電話給一陣子沒聊天的親友，或是整理花園幾分鐘。你甚至可以多做一次（或是彌補之前漏掉的）八分鐘禪修。

記得，你選擇的節目一旦結束，就要關掉電視，之後如果有其他特別想看的節目，再把電視打開。睡覺前，在筆記本上記錄心得：不只是記錄感覺好不好，還要包括注意到的現象。有什麼念頭、感受、身體感覺和衝動？記得這麼做的目的，是要幫你化解經年累月慢慢累積的舊習，所以不要指望奇蹟發生。不過，這週的任何練習要是讓你淺嘗到另一種更為自由的生活方式，就是踏出發現新道理的第一步：每天的生活作息不用大幅改變，而是學習用不同的方式做同樣的事情；讓所做的事情浸淫在覺察與選擇的清新氛圍裡。

8 第四週：心是造謠的能手

約翰正在去學校的路上。
他擔心數學課跟不上。
他希望自己今天可以像昨天一樣罩得住全班。
這不是工友的責任[1]。

你看到以上幾句話時，注意到什麼？大多數人發現自己不斷在心裡對外界上演內心戲。首先，他們看到一名小男孩要去上學，穿梭在大街小巷中，邊走邊擔心數學課。接著小男孩變成老師，最後又變成工友，使得景象不得不一再更新。

這個例子顯示，心是如何在「幕後」工作，努力建構出世界的模樣。對於一個外界景象，我們會根據所得到的「事實」來推論，卻從來沒看過它的全面細節。心會根據接收到細節加以衍生、判斷，與過去類似的經驗連結歸檔，預測其未來的演變並賦予意義。這是我們心智無比精妙複雜的雜耍表演。我們每次閱讀報章雜誌、回想往事、與人談話或預測未來時，這整個過程就會像跑馬燈一樣反覆循環。因此，每個人心裡所看到的事件是彼此迴異的，也跟任何客觀的「現實情況」差距極大：我們不是看到世界的真面貌，而是經過自己詮釋的世界。

我們一直在揣摩世界，而且幾乎沒意識到自己這麼做，只有在被他人干擾時才注意到這點（如同約翰那個情境）。我們不斷在心裡幫生活做評論，就好像新聞連線報導，時生時滅，但是新狀況出現沒兩下又重新自我整合成新報導。這樣的轉變，我們往往察覺不到，察覺到時，會讓我們稍微震了一下，彷彿腳下的世界很微細地移動了。如果你幸運的話，這會讓你放聲大笑——這種觀點的剎時轉變，是許多笑話的笑點來源。

我們詮釋世界的方式大幅影響我們如何回應，有時稱為「情緒的ABC模型」。「A」代表情境本身：是攝影機可以紀錄下來的實況。「B」是對於場景的詮釋：這是我們根據情境而自行創造的連載故事，通常在覺察的表層之下流動，但是被我們當成事實。「C」是我們的反應：我們的情緒、身體感覺和各種行動衝動。

我們通常把「A」和「C」看得很清楚，但是沒有察覺到「B」。我們以為激起感受情緒的是情境本身，但事實上是我們對情境的詮釋。這就好像世界是一部默片，我們幫它配上自己的評論。但是這種解釋狀況的講評發生得很快，使我們視之為影片的一部分。逐漸的，要把情境的「真實」現象與對於情境的詮釋分開，就愈來愈困難。而這種宣傳錯誤資訊的洪流一旦啟動，就愈來愈難加以抵擋。所有的未來事件都會被詮釋，以便支持現況；與詮釋相斥的資訊遭到忽視，有支持性的事實則被全盤接受。

心對於外界所做的現場報導，就像謠言，可能是真的，也可能只有部分真實，或者全盤錯誤。可惜的是，心一旦開始建構對於外界的認知，就很難偵測到虛實之間的差異。基於這些理由，八卦謠言的力量無比強大，不只是擾亂個人的心，也擾亂整個社會的認知。

美軍在第二次世界大戰採用的「心理戰術」，能夠有效說明謠言的力量是多麼強大，以及要停止是多麼困難。當時，許多怪誕離奇的謠言如野火般傳遍整個美國，而且往往毫無根據或道理，比如「蘇聯人拿走我們大部分的奶油，只是用來替槍上油而已，」或「海軍把三大卡車的咖啡倒入紐約港。」這類的話會莫名其妙地出現，而且開始破壞士氣。

這類傳言一出現，美國政府就用盡千方百計拚命打壓，手段完全合理且合乎邏輯[2]。他們初期採用的策略是製作特別廣播節目，節目會針對一個謠言討論，然後將之粉碎。很快的，這個方法帶來另一個問題：許多聽眾聽到一半就轉到別台，結果只聽到謠言，而沒聽到戳破謠言的討論，這顯然更助長謠言的散播。

接著，政府在報紙上開闢特別專欄，名為「謠言診所」，專家會針對一個謠言解釋其心理基礎來加以駁斥，比如說，該謠言是如何體現某種形式的「自我防禦」或「心理投射」。這個手法也很快浮現一個大問題：「謠言診所」的專家往往沒什麼證據來建立案例，主要是因為你不能提出論據來支持反方觀點。結果專家往往把情況弄得更糟，因為他們只是把謠言斥為無稽之談，然後表示真正事實被列為「軍事機密」。

此外，他們還面臨一個大問題：不管論據多麼合理，動之以情的效果往往遠大於說之以理。

從許多方面來看，謠言的研究就是心的研究，因為：心裡的念頭就像謠言，可能是真的，也可能不是。

現在來看，以上兩個戳破戰時謠言的方法注定要失敗，但我們卻一再以相同手段試圖粉碎心中的謠言。以自我批判為例：我們感到壓力或脆弱時，只聽到內心自責的聲音，而不是更柔和的慈悲之音。要是確實聽到另有方法能讓騷動不安的心靜止下來，我們大概也不會相信，因為念頭帶來的情緒衝擊如此強大，把所有的理性邏輯都淹沒了。要是把念頭斥為「胡說八道」，或叫自己「振作一點」、「打起精神」，反而會進一步降低士氣，更容易信心受挫、感到無力。讓事情更糟的是，每次自我批判的影帶開始播放時，我們立刻幫劇情加油添醋——我們開始搜索內心，努力尋找能夠支持的證據，忽略所有抵觸的訊息。

我們的內心小劇場會帶來那麼多不必要的痛苦，這還有什麼好驚奇的？我們試著粉碎謠言的所有方式，只會讓事情變本加厲，這還有什麼好意外的？

與其運用邏輯和「正面思維」來面對內心小劇場，不如踏出這無止境的循環，純粹觀看念頭波濤蕩漾的美麗。但是做到這點並不容易。壓力大時，內心的「謠言」就會開始散布，要是仔細觀看，就會發現謠言似乎是構成你的一大部分。謠言的力量不可小看，而且可能在自我認知及所處情境中扮演關鍵角色。

以下所列的項目，是我們感到忙亂、壓力、不快樂或疲憊時心中常會冒出的念頭（取自我們禪修教學同仁波頓〔Hugh Poulton〕編製的問卷）：

- 如果不去想有什麼事情需要做，我就沒辦法快樂。
- 我永遠不能失敗。

- 我為何沒辦法放鬆？
- 我永遠不能讓別人失望。
- 一切由我作主。
- 我要堅強。
- 大家都依靠我。
- 只有我才有做這件事情的能耐。
- 我再也受不了這件事。
- 我一分鐘也不能浪費。
- 真希望我在別的地方。
- 他們認真去做不就好了嗎？
- 為什麼我做這件事時，沒有像以前那樣開心了呢？
- 我到底怎麼了？
- 我不能放棄。
- 非得改變什麼不可。
- 我一定哪裡出了問題。
- 如果少了我，一切會四分五裂。
- 為什麼我沒辦法好好休息？

倍感壓力、生活忙亂時，這些關於自身及外界的念頭似乎是絕對真理，但其實是壓力的症狀，就跟發燒是流感的症狀一樣。

壓力愈大時，就會愈強烈相信「只有我才有做這件事情的能耐」這類念頭，而它的真正意思其實是：如果事情出差錯，你（而且只有你）要負起全責。因此，你的心起反應、想要找逃生路線，這還有什麼好驚訝的嗎？你只想解除壓力，所以「真希望能夠人間蒸發啊」這類念頭會很快隨之而起。

覺察到這些念頭是壓力和疲憊的症狀，而不是千真萬確的事實，能夠讓你退一步海闊天空，給予你空間來決定是否要認真看待它們。經年累月地練習正念禪，就能學會注意這些念頭，承認念頭的存在，然後放下。正念課程的第四週會教你怎麼做。

拆穿心的謠言

本課程前三週的宗旨在於訓練自心，同時為平日生活的正念打下基礎——這種覺察的法味能讓你確實活在世界上，而不是依靠自動導航飛過去。課程第四週把這個過程變得更細緻，方法是提升覺察力，感知到身心什麼時候發出警訊，提醒你，情況惡化而且有自我攻擊的傾向，以及察覺到自身的反應什麼時候把你拉進負面漩渦。當然，察覺到念頭感受什麼時候跟你作對是一回事，防止它們如滾雪球般擴大又是另一回事，因此第四週提供極具威力的新工具，也就是觀聲音與念頭，來幫助你。

第四週的練習

- 八分鐘的觀呼吸與身體（參見145頁，錄音檔4），接著是……
- ……八分鐘的觀聲音與念頭；建議一天練習兩次（參見164頁，錄音檔5）。
- 三分鐘呼吸空檔（錄音檔8），一天兩次，以及當你覺得需要的時候，隨時都可以進行。

觀聲音與念頭[3]

我們浸淫在深邃無比且種類繁多的聲境裡，靜下來聆聽一會兒就知道了。你聽見什麼？起先你察覺到的可能是整體性、如脈搏一般震動且包含一切的喧囂嘈雜聲，在這之中，你也許認得出個別聲音：某人友善的聲音、隔壁傳來的收音機聲、某人用力把門關上的聲音、車輛呼嘯而過的聲音，遠處警車或消防車發出的警報聲，空調的嗡嗡聲，飛機從上空飛過的隆隆聲、清脆悅耳的音樂聲等，數不盡的聲音。就算你待在安靜的房間裡，還是聽得到模糊的聲音，可能是你的呼吸進出鼻孔的聲音，或是踩過木製地板所發出的吱嘎聲，或是暖氣系統發出的嗡嗡聲。就連寂靜之中也有聲音。

這不斷變動的聲境就像內心的思緒流。

聲境從來沒有靜止的一天。我們周圍的環境不斷變動，就像海面上的波浪和樹林裡的風。

「觀聲音與念頭」的禪修練習，會逐漸呈現聲音與念頭之間的相似點。兩者似乎都是無中生有，似乎都沒有一定模式，而且我們無法控制其生滅。兩者的力量都強大無比，而且具有無限的動力，能輕易引發強烈情緒，把我們捲走。

念頭似乎無中生有。就好像耳朵是接收聲音的器官，心是接收念頭的器官。就好像聽到聲音會啟動心中對應的概念（比如辨認出這是「車聲」、那是「人聲」或「中央暖氣系統的聲音」），任何念頭的閃動也會啟動一連串的聯想。我們還來不及覺察，心就已經跳到早已遺忘的過去，或是飄到完全基於夢想而非現實情況的未來。可能只因為一個念頭引發如雪崩般的聯想，我們就開始感到憤怒、憂傷、焦慮、壓力或痛苦。

觀聲音與念頭幫助你親自體會到這個情況，也幫助你發現（而且是最深刻的體會到），對待聲音的方式可以應用於對待散亂念頭。念頭可以比擬為在背景中播放的收音機聲音，你可以聆聽（或說是觀察），但不用根據接收到的訊息加以演繹，也不用根據感受而採取行動。廣播裡的聲音叫你怎麼做或怎麼想，你通常不覺得有必要照著做，那為什麼對於內心的念頭，你就盲目認定它精確無誤地描繪外在世界呢？念頭就是念頭，是你的僕人，它不管吼得多大聲，都不是你的主人，你不見得要遵照它的命令。體悟到這點，會帶來巨大的解脫感，讓你不會一觸即發，而是得到空間，能採取更妥當的抉擇，那是心保持全然覺知時所做出的決定。

觀聲音與念頭有兩個關鍵元素：接收與注意。

接收

我們接收來來去去的聲音，把身體當成活生生的麥克風，不分好壞地接收空氣中震動的聲波。我們接收每一種聲音所帶來的原始感覺，體會到每種聲音都有自己的音量、音調、音高、模式和長度。接著，我們從接收聲音轉移到「接收」念頭及念頭攜帶的任何相關情緒，方法還是一樣：觀照念頭出現的那一剎那、停留多久，以及消失的那一刻。

注意

注意到自己在聆聽聲音的經驗上賦予層層意義，發現自己慣性地幫它們貼上標籤，喜歡的就追求，不喜歡的就排拒。看能否一發覺自己陷入慣性思維中就能生出覺知，然後回到純然接收聲音的練習。接著以同樣方式注意念頭與感受，持續觀照它們是如何創造聯想及故事，以及我們多麼容易陷入劇情裡。

觀聲音與念頭[3]（錄音檔5）

安住於呼吸與身體

調整坐姿，讓脊椎自我支撐，直而不僵。

1 用以上的方式坐著，肩膀放鬆，頭頸端正，下巴微收。

2 花幾分鐘覺察呼吸時腹部的起伏，直到心大致沉澱下來。接著把注意力擴大到全身，彷彿全身都在呼吸，這有助於你察覺到身體「內境」的所有感覺。

3 花幾分鐘以這種方式練習觀呼吸與身體，記得在接下來的觀聲音與念頭時，如果心過於散亂或受不了，永遠可以回到呼吸與身體來穩住自己。

聲音

4 現在，準備好時，把注意力的焦點從身體感覺轉移到聽覺——接受出現的聲音。

5 不用刻意尋找聲音，或是特別去聽哪一種聲音，而是盡可能保持開放態度，接收來自四面八方的聲音——近的、遠的、前方、後方、旁邊、上方或下方的所有聲音。你開放接受周圍整個空間的聲音，可稱之為「聲境」。可以觀察，明顯的聲音是如何輕易蓋過細微的聲音；注意聲音與聲音之間的空隙，那是相對安靜的時刻。

6 盡可能如實觀照聲音，那是原始的感覺。注意到，一接收到聲音就會想幫它「貼標籤」的傾向（車聲、火車聲、人聲、空調、收音機）。

看能否純然注意到貼標籤這回事，然後超越標籤，重新專注於聲音本身帶來的原始感受（包括聲音裡的聲音）。

7 你可能發現自己在思考聲音。請再次直接觀照其感官特質（音高、質地、聲量及長度的模式），而不是探索其意義、含意或背後故事。

8 一旦發現覺察力沒有放在聲音，請溫柔地意識到心跑去了哪裡，然後把注意力帶回聲音，觀照其每分每秒的生生滅滅。

9 觀聲音四、五分鐘之後，放下對於聲音的覺察。

念頭

10 現在請轉移注意力，使念頭成為覺察的焦點，盡可能把念頭視為內心的活動。

11 之前觀聲音時，你注意它的生、住、滅，現在也是一樣，盡可能觀照內心生起的念頭，注意它什麼時候出現，看著它逗留在心的空間裡（就像飄過天空的雲朵），最後，看能否偵測到它消失的那一剎那。

12 不用試著讓念頭過來或離開。就跟之前觀照聲音的生滅一樣，這裡只是讓念頭自行來來去去。

13 就像飄過寬廣天際的雲朵，有時候烏黑低垂，彷佛風暴即將來臨，有時候鬆軟雪白如棉花。同樣道理，念頭也是形形色色，時而烏雲密佈，時而晴空萬里。

14 或者也可以把觀念頭譬喻為看電影，念頭就像是電影院裡投影到銀幕上的畫面，你坐在觀眾席觀看，等待念頭或影像的生起。念頭生起之後，只要還停留在「銀幕上」，你都留神觀看，消失時你才放下。注意自己出現在銀幕上的時候，也就是你被劇情吸引而成為劇中人物了。覺察到這個情況時，首先恭喜自己注意到了，然後回到觀眾席，耐心等待下一連串的念頭生起，因為念頭生起是必然的。

15 如果念頭帶來強烈感受或情緒，不管愉不愉快，都盡可能注意其「情緒負荷」及強度，讓它呈現原本面貌。

16 記得，一旦發現心無法專注且浮動散亂，或者一再被思緒所創造的故事拉走，請試著回到呼吸及全身一體的感覺上，察覺自己坐著呼吸的狀態，以此為焦點，穩定覺察力，固定在當下這一刻。

觀察念頭與感受

你練習觀聲音與念頭時注意到什麼？記得，不管有什麼感覺，都無所謂成敗對錯。

黛娜把觀照的對象轉移到念頭時，發現到奇怪現象：「我觀照聲音時，念頭一堆，而且冒出來的速度很快，干擾到聲音，但是開始觀照念頭時，念頭似乎完全消失了。」

這個現象很常見。在覺照如烈日般的照耀下，念頭似乎羞怯躲藏了起來。為什麼？我們可以這麼了解：念頭包含腦部網絡中剎那閃現的活動，緊接著是沿著較大的聯想網絡較緩慢的啟動擴散。活動的閃現可能是為時非常短暫的「脈動」（類似暫時性的影像），但我們所認為的「念頭」由兩個要素構成：剎那間的脈動，以及尾隨的聯想。聯想尾隨著脈動，就像隨從跟隨國王或王后。隨從就像內在語言，有主語和受詞、動詞、名詞和形容詞，全都被聯想的細鍊串連在一起，這些聯想又進而挑起更多的影像，影像又喚起更多的內在語言。由於尾隨脈動的隨從主要是由習慣觸發的聯想所構成，因此全然覺照思考過程這個舉動就會化解內在語言這條細鍊，讓你更能覺察到純粹的脈動本身。這麼一來，念頭很快失去動力而無法發揮作用。當然，通常過不了多久，念頭又會找到覺照裡的間隙，這空隙剛好夠寬，足以啟動另一批聯想細鍊，於是你再次看到尾隨脈動的隨從。因此整個思想鏈開始聚集衝力，直到你再次掉入思緒流中。觀照到自己心與腦的活動，是非常有意思的事情。

西蒙在練習觀聲音與念頭時完全無法專注：「我有耳鳴，感覺隨時都聽到背景傳來的尖銳噪音。我聆聽聲音時，耳鳴變得非常明顯，令我很不舒服。通常我會故意不去聽那耳鳴，但是往往做不到而非常洩氣。耳鳴讓我的觀聲音練習超級痛苦。」

雖然干擾禪修練習的因素有許多，但耳鳴尤甚。耳鳴就像慢性疼痛，沒有喘息的時候，帶來極大的干擾，而且隨時與你同在。應付耳鳴的方法因人而異，白天時，周遭有許多其他聲音，耳鳴似乎不那麼顯著，但是夜闌人靜試著入眠時，耳鳴相當煩人。觀聲音似乎無助於對付耳鳴，反而還使其變本加厲，所以為何要堅持練習呢？西蒙的經驗逐漸顯示原因為何：「我實驗讓耳中的鈴聲存在，讓它與周圍其他所有聲音同時存在。耳鳴似乎沒有減輕，但是關於耳鳴的念頭似乎減少了——大概是我不再那麼抗拒而更能放鬆。之前試過讓自己放鬆，但放鬆的背後動機似乎總是想盡辦法忽略耳鳴。我從來沒試過讓耳鳴繼續存在，而這種感覺非常不一樣，我如釋重負。」注意西蒙實驗、探索的意願。他「轉而面對」嚴重干擾他的現象，發現「耳鳴」的構成元素不只是聲音，還包括隨之而來的「不想要」及憤怒的念頭與感受，後者最後會攻擊他，干擾他內心的平靜。

雪倫禪坐才幾分鐘，經驗就大幅改變。「一開始覺得很輕鬆，因為心無雜念，注意力也沒有飄離。接著（我知道這聽起來很蠢）我感覺全身變輕了，好像漂浮起來一樣。這種感覺太妙了，但是它一消失，我就非常失望，這股失望讓我想起以前感到沮喪的時候……不禁難過了起來。心情的起伏怎麼那麼大啊！」雪倫體驗到內心的天氣型態是如何瞬間改變。前一刻還在享受飄飄然的輕盈感，下一刻就消失了，所導致的失望引發一連串不想要的念頭及聯想。

思緒流的力量如此強大，我們還來不及覺察，就被席捲而去。這就好比你坐在一條溪流或小河的邊緣，觀看念頭像樹葉一般順著溪流飄過。下一刻，你發現自己已經離開座位、夢遊走到溪流中央。雖然你一會兒之後就醒過來發現自己在溪流中央，但你還是浸泡在自己的思緒流裡。這時（這是一定會發生的），你可以恭喜自己清醒過來，然後慈悲地承認心散亂了，溫柔地把自己拉回河岸上從頭開始。經驗老到的禪修者並非始終能保持一心不亂，而是非常習慣重新開始。

湯姆的故事

今天我體會到，失敗其實沒什麼大不了的。我還活著，四肢健全，心似乎也多多少少完好無恙。

禪坐時，我發現自己一直失去焦點，心好像失去控制。不管用什麼方法，心就是定不下來，部分原因是今天工作特別不順。我擔任法律書記，不管是什麼案子，我都有辦法把一切資料準備齊全，令我相當得意。但是今天我沒有按時把資料準備好：一些書面文件不知被我放到哪裡去。我看得出上司一臉不悅。

通常壓力大時，我會去酒吧喝個幾杯，隔天早上起來時再重新出發。但今天不同，我沒去借酒澆愁，而是坐下來禪修，而這個過程只有一個「難」字可以形容。我討厭這種失控的感覺，覺得自己不夠好，是個失敗者，一陣子之後，又覺得自己在禪修上也是失敗者。掙扎了二十分鐘之後，我睜開眼睛，明白跟之前比起來，以及跟平常的心理狀態比起來，現在其實是相當平靜的。一切似乎更清楚、更透明了。我絕非禪修的失敗者，而是成功的拉開距離觀看。我體會到，在禪坐「失敗」，其實是在練習。要是心沒有跳來跳去，我就沒機會看見行動當中的狂亂念頭，也沒機會重新掌握對於內心的覺察。參加正念課程時，老師一直提醒我們這點，但是我親自觀察，才了解這個道理。

禪坐「失敗」之後，我穿上外套，出去欣賞美麗的日落，晚上睡得香甜。明天，我大概又會得到同樣的教訓，後天也是……

極度不安或特別緊繃時，思緒流就不會是涓涓細流，而是威力強大的海嘯，把奮力掙扎、亂踢亂叫的你席捲而去。可能要幾分鐘後，你才會意識到自己已經被海嘯捲走，脫離了禪修。而你就算意識到了，可能還是想不起來自己身在何處，忘記焦點是放在呼吸上、身體上還是聲音上。如果你是初學者，又沒有跟從錄音檔的引導練習，這種困惑經常發生。這時，你可以觀照進出身體的呼吸，讓自己穩定下來，不需自責。一會兒過後，你會想起剛剛已經練習到哪一階段，然後從那個地方開始。

特別困難的地方是，注意到那些非常低調而沒有被注意到的念頭，甚至不被視為「念頭」的念頭。

你可能靜靜坐著觀察念頭，彷彿念頭出現在前方的螢幕或舞台上，或是像河流上飄過的樹葉。有些念頭顯而易見：你可能發現自己在想今晚喝茶要配什麼茶點，然後很快發現：「啊，剛剛出現跟茶有關的念頭。」但遲早會有另一個念頭出現，可能是突然想到忘了發一封電子郵件，然後發現自己在計畫著什麼時候能夠回到電腦前。就連在這種時候，你終究還是會看到這也是念頭。但如果你接下來跟自己說：「這次打坐做得不好，我不該讓自己的心散亂那麼久」或「我就是抓不到要領」，其實這些切身的自我評價也是「念頭」，但是要覺察到又更困難了。這類念頭根本上感覺更真實——是對於「我」和我的狀況的寫實評論。

再打個比方：我們坐在電影院裡，要覺察的不只是銀幕上的畫面，還包括似乎從後座傳來的耳語聲，這就好比電影院的「環繞音效」！再回到坐在河岸上的譬喻，我們除了注意河流的主流之外，還要覺察到前方或後方的支流。有些念頭感覺上就是不像念頭，因此要能覺察到這些念頭，需要特別的觀照力，以及源源不絕、具有寧靜力量的特殊耐心。我們在這種極度壓力與混亂的情況下最能學到東西，因為這時若能看到，那些精彩至極的念頭只不過是心智活動（而非真實反映現實情況），就最有機會瞥見解脫的可能性。

有些禪修練習似乎稍微重複，那是因為事實的確如此。禪修是單純的練習，透過重複而累積力量。唯有透過反覆體會，才能覺察到內心一再重複的模式。反諷的是，禪修的重複性讓我們不再無止盡地重蹈覆轍，讓我們跳脫自動導航器，不再受制於自我挫敗及自我攻擊的念頭與行動。透過反覆練習，我們逐漸感知到每一剎那所帶來的微細差異。

禪修就像播種，你讓小種子在適當的環境裡生長，但不會每天都把它們挖出來看生根了沒。禪修就像開墾一座花園：你的經驗會深化及改變，但是速度是以園藝的時間來計算，而不是以時鐘來計時。

三分鐘呼吸空檔

現在你已習慣一天練習兩次的三分鐘呼吸空檔（見150頁），感到壓力或覺得做做有幫助時，也可以練習。一陣子下來，你會發現只要有需要，就能輕鬆進入狀況。呼吸空檔不怕練習太多次。如果感到不安或自我攻擊的念頭湧現，可以利用三分鐘呼吸空檔，重新拉開距離觀看事情。

令人極度不耐的排隊禪

在超市裡排隊結帳時，如果無法順利往前移動，看能否覺察自身的反應。或許你自認倒楣排「錯」隊，一直在想，是否要衝去另一條比較短的隊伍。這時，先觀照內心活動會有幫助，看看你的心處在什麼模式裡。花點時間自問：

- 我心裡在想什麼？
- 身體有什麼感覺？
- 我察覺到什麼情緒反應及衝動？

如果發現自己被「趕快把事情辦好」的需求牽著鼻子走，為了進度比預期緩慢而洩氣，那麼你很可能處於自動化的「行動」模式。沒關係，這也沒錯；心正在盡全力把事情做好。

正念就是接受「有些經驗本來就是不愉快的」。

然而，正念讓你有辦法區別痛苦的兩大味道（主要及次要）而帶來幫助。主要痛苦是一開始的壓力源，例如排長隊時的不耐感。你可以承認這不是愉快的感覺，但是不喜歡這種感覺是沒問題的。次要痛苦是所有隨之而來的情緒波動，例如憤怒或心急，以及任何接踵而至的後續念頭與感受。看你是否也能清楚觀照這個現象，看是否能讓焦急不耐的感覺停留於此，而不試著把它趕走。

你排隊時，可能還是感覺得到焦急不耐的脈動，但這些感受比較不會失控。你甚至會成為自己及周圍其他人的寧靜綠洲。

抬頭挺胸地站著。呼吸。容許。處在當下。

這一剎那，也是你生命中的一刻。

呼吸空檔以這種方式應用在各種情況，是具有無限彈性的。你可以延長或縮短練習時間，來配合所處情況。比如開會前感到焦慮，只需閉上眼睛，溫柔輕鬆地用一、兩分鐘練習觀呼吸。十五歲的蘇愛倫要去上最困難的課程時，會練習呼吸空檔。她走進教室時，會做三次呼吸來穩定自己，把注意力集中在呼吸及身體上，準備好面對課程中的一切難題。在蘇愛倫的例子裡，觀呼吸頂多只花幾秒鐘。但如果覺得自己快要勃然大怒或感受到其他任何強烈情緒時，可以花十分鐘來觀呼吸。無論如何，看能否維持前一章所提及的沙漏形狀，也就是三個清楚的「步驟」：首先意識到身心的天氣型態，在這第一步裡，可以自問每一剎那有什麼念頭、感受、身體感覺及衝動出現。接著優雅地移到第二步，專注於呼吸來集中並穩定自己，最後第三步才把焦點擴大到全身。

呼吸空檔不只是用在預防問題的出現，心已經散亂跑走時，呼吸空檔也非常有用。如果悲傷、憤怒、焦慮或壓力讓你招架不住，呼吸空檔是穩定自心及恢復覺察的絕佳之道。在情緒激昂及思緒狂亂時，呼吸空檔讓你對自心有深層的認識，不亞於正式的禪修練習。你可能會察覺到身體緊繃、呼吸不順、妄念紛飛，而且每個念頭都讓你想採取行動。因此把握這些混亂時刻，把它當成強大的實驗室來探究內心的運作機制。

再試一次？

把呼吸空檔當成解決問題或避開不愉快事物的巧妙手段，是非常誘人的，但是完全錯誤。本質上，呼吸空檔不是日常生活中短暫的逃離，甚至不等同於喝杯茶或假寐一下，雖然這兩種暫歇方式都有其效用。呼吸空檔是恢復覺察、重新拉開距離觀看事物的時刻，因此能清楚看到任何負面思考模式在幕後積聚能量。如此的說明似乎無法凸顯兩者的差異，以下的譬喻或許有幫助：[4]

回想你身處可怕暴風雨中的時候。大雨無情地打在你身上，你沒穿防水外套，也沒帶雨傘，更糟的是，鞋子像篩網般一直漏水。一會兒過後，你看到了一個公車候車亭，稍微鬆了一口氣。你覺得受到保護、不受風吹雨打，稍微處於控制地位。又過了一會兒，你明白這場大雨是不會停的，甚至還愈下愈大。看來你遲早得放棄這個公車亭，回到滂沱大雨中，這時有兩個選擇。

要是你把候車亭視為暫時躲雨的地方，就會花不少時間咒罵自己是多麼倒楣，而且變得愈來愈焦躁不安，氣自己居然沒帶雨傘。隨著一開始找到候車亭的快樂逐漸消失，你的心情更加低落。你氣急敗壞地嘗試各種方法，不讓雨水潑到身上，這時腦筋也不停打轉。在這個狀況裡，候車亭完全不是避風躲雨的安身之地，反而還加深延長你的痛苦。

然而，要是把候車亭視為呼吸空檔，經驗就有可能一百八十度大轉變。你一旦發現暴風雨愈來愈嚴重，就可能從不同角度看待這個情況。你很快就得回到風雨中淋成落湯雞，這個事實雖然讓你不是非常喜歡，但也無法逃避。你會更清楚看到，如果為這種情況而氣憤不滿，並不會讓你保持乾燥，反而還會讓情況更糟：外在濕透，同時內心痛苦。你一旦接受這不可避免的事實（這種接受並非認命，而是轉而面對它），那麼大部分的痛苦就有機會消失，甚至會在這經驗中找到意想不到的慰藉。你可能會暫停腳步，注意到斗大的雨滴凶猛無情的威力，以及雨滴從人行道反彈而形成濃密水霧的方式。你可能會覺得，看著人們匆匆忙忙進出門口躲避風雨是很有趣的，或者注意到，一隻貓帶著厭惡的表情躲到車子底下，你甚至發覺自己忍不住露出微笑。

在以上兩個情況裡，你都會淋成落湯雞，但是在第一個情況裡，你不給自己好過，使得原本的氣惱變本加厲，而在第二個情況裡，你觀點的轉變可能會帶來些許的安慰。誰知道，也許你會因為這場經驗而精神振奮了起來。

呼吸空檔不是暫時脫離現實，而是重新投入現實的方式。

呼吸空檔完成後，你可能會想立刻（且不帶正念地）繼續剛剛所做的事情。這時可以暫停片刻，判斷自己希望接下來怎麼做。正念讓你有辦法採取更善巧的行動，因此最好利用禪修後心平氣和的寧靜時刻，有意識地決定自己要做什麼。我們將在下四週探索四個選擇。這週的選擇，是再次回到練習呼吸空檔之前的世界，繼續剛剛進行到一半的事情。

繼續進行

你可以利用重新發現的覺察，以正念的覺察力，繼續進行呼吸空檔之前所做的事情。覺察思緒流，以及掉入思緒流的傾向。更為正念地面對下一刻，可能意味著權衡事情的輕重緩急，而不是忙亂地想一次把所有事情做完，或是接納同事或家人令人難受、不合常理的行為，以及包容自己無能為力。看你是否抵擋得住誘惑，不把呼吸空檔當成短暫的休息，或是公然「解決」問題的手段。呼吸空檔不會在短期內解決任何事情，但可能讓你拉開距離觀看事情，以採取更善巧的行動。

舊習破除活動：看電影

邀請一位朋友或家人一起去看電影，但是這次換個方式。在預定的時間前往（比如晚上七點），到了電影院後才選擇想看的片子。讓我們最快樂的往往是意外的驚喜，比如不期而遇，或無法預測的事件，電影是體現這些元素的最佳管道。

大多數人有特定想看的電影，才會去電影院。要是你在預定時間去電影院，然後才選擇要看哪部片，會發現看電影的經驗截然不同。你可能會觀賞（及愛上）平常從來不會考慮的一部片。光是這個舉動，就打開了你的視野，提升了覺察力和選擇空間。

去看電影之前，注意生起的任何念頭，比如「我沒時間娛樂」或「要是沒有想看的怎麼辦？」我們稱之為「干擾練習的念頭」，它破壞你採取行動的熱忱，是每日生活的陷阱圈套，它潑你冷水，讓你不想從事可能以重要方式帶給生活養分的事情。一旦進入電影院，就忘掉所有擔憂，全心看影片吧！

9 第五週：面對與放下

樹葉變黃時，我做了最後一次化療。六個月過去了，我去複診，又做了一次CAT掃瞄，結果發現癌細胞又擴大了。現在已經是春天，黃壽丹正要發芽。

伊拉娜（Elana Rosenbaum）是美國麻省伍斯特（Worcester）正念中心的禪修老師，為期八週的正念課程教到一半時（差不多就是本章的進度），她發現自己的癌細胞復發了。

我的反應是錯愕和震驚。生活才剛開始回到正常，而且終於覺得自己更有活力了……我固定運動和禪修，就是希望能預防復發、生活不受干擾[1]。

伊拉娜這時候得知，活下去的唯一希望是進行幹細胞移植和更多化療。她提起勁來面對更多的抗戰，卻感到巨大強烈的悲傷……及恐懼。她自問移植及化療的風險和艱辛是否值得努力面對：

我想到更多的化療就腳軟，但也想盡量活得長久。我知道要考慮的不只是自己的生命，還包括我先生的。他不想失去我，因此很難開口跟他說：「不，我不做移植手術，就聽天由命了……」現在把課程教完是不可能的，我的肩頭上扛著沉重的責任枷鎖。真希望去醫院前能夠再教一、兩堂課。現階段是課程裡最微妙棘手的時候，我想要引導大家通過這段關鍵期。我不想承認自己很難過，必須用盡全力，才有辦法維持如如不動的心。

記得隔週開教師會議時，我深深嘆口氣說：「要不是有教完的責任，我明天就不來教了。」所有老師都看著我說：「妳不用教完啊，我們會幫妳。」

我呆坐在那裡，從來沒想過可以中途停止教學……我知道自己難過又疲累，但是在那一刻之前，我完全沒發現自己是如何緊緊執著老師的身分，把暴露自身脆弱視為絕對禁忌。若沒有帶完整個課程，感覺上是逃避責任。

教不下去代表承認自己病得嚴重……也是承認自己又累又恐懼，

而且這股恐懼、悲傷和預期的擔憂摧毀了我的能量。我想成為班上的模範，但是不顧現實情況而繼續教學是錯誤的。我的朋友（同事）的慈悲相助，讓我看到自身情況的真實面。他們沒有說：「妳很糟糕，怎麼可以教到一半就不教了呢？」我的「應該要……」和「照道理要……」都消融了，讓我從自己不知不覺打造的盒子裡解脫出來。我一旦接受「妳不用教完啊，我們會幫妳，」內心的掙扎就停止了。討論之後，大家決定費瑞絲（Ferris Urbanowski）這位同事將跟著我一起去上課，令我既傷感又鬆一口氣。我會跟全班說明情況，把棒子交給她。她會教導這堂和下一堂課，接著佛羅倫絲（Florence Meyer）會教導最後兩堂課。我可以在班上待到不能待為止，但身分是「病人」。隔天，我和費瑞絲一起去班上，學員陸陸續續沿著牆壁坐下時，我們在中央就坐，我用以下禪修來開始當天的課程：

除了當下這一刻，萬緣放下，
放下工作
任何念頭，只要關於今天已經過去的時刻，
或是還沒到來的晚上，全都放下。

跟隨著呼吸就好。
吸氣時，把注意力全部帶到
吸氣上，
呼氣時，把注意力全部帶到呼氣上，
讓它呈現本來面貌
而不用任何方式改變[2]。

我們靜坐幾分鐘，讓每個人都安定下來，然後我敲了一下鐘，環視在場的學員，深吸一口氣，把費瑞絲介紹給大家。

「費瑞絲是我的好友，也是很棒的老師，接下來由她來指導。我最近檢查，發現淋巴瘤又復發了，需要做更多化療和住院治療。我希望能繼續待在班上跟你們一起禪修，但現在身分是病人。」

伊拉娜在她的著作《此時此地》（*Here for Now*）裡，以簡單美麗、令人鼻酸的筆觸，描述她如何度過人生這段最為艱難的時候。然而這不僅是一段在癌症中求生存的旅程，也是她同事薩基（Saki Santorelli）說的：「伊拉娜的人生故事，講述的是如何在死亡面前發光發亮，在一切無定數的狀況下選擇生命，以及頌讚人類傳承核心的本具光明（一次又一次地頌讚）。」

那我們其他人呢？我們如何看待那些日常生活中大大小小、提醒我們生命脆弱的事情？在正念課程第五週，要探討的問題就是這個。

碰到困難時——不管是工作上的壓力、自身或家人的疾病、疲憊或有害的悲傷——想推開逃離，是再自然不過的反應，而且方法五花八門，可能是無止盡地想辦法「解決」，或是假裝它不存在，或是把它埋在一堆令人分心的事物之下。雖然這些方式可能在多年前就失效了，我們還是繼續使用，為什麼？

首先，這些方法過去似乎常常見效，因此一再使用同樣的手段似乎是完全有道理的。其二，可能有否認的元素在作祟；我們就是不想承認自己無助脆弱，因為擔心別人會覺得我們不夠好。也許內心深處，我們害怕會失去一些朋友而變得孤苦無依，因此只好咬緊牙根繼續撐著，一直撐著。

但這些方法遲早會失效，可能是因為你已來到強弩之末，或是所面對的困難非常棘手。面臨這個叉路口時，有兩個選擇，一是繼續走下去，假裝沒有任何問題（同時過著愈來愈痛苦的人生），二是採納不同方式來對待自己和世界。後者是接納自己和造成煩惱的任何事情，也就是說，就算我們不喜歡或害怕，也要（尤其要）轉而面對、友善對待。

許多人一聽到「接納」，就覺得是罪惡深重的異端邪說，但是乍聽之下會有這種反應，是因為個別單字往往無法傳達真正意義。在正念這個脈絡裡出現的接納，並不是消極接受不可忍受的事物。這不是「放棄」，也不是屈從或沒骨氣。正念也跟「不執著」毫無關係——正念絕非再也「沒有感覺」。看看伊拉娜：她熱切想要健康、她的丈夫、她的生命；要去經歷那段治療過程，她必須執著，非常執著——其強烈程度，是她這輩子前所未見的。

正念絕非不執著。

那我們所指的接納是什麼意思？接納的英文是「acceptance」，其字根（跟「捕捉」〔capture〕和「認知」〔perception〕一樣）的意思是接收或抓住某物，衍生的意思也包括領會或了解。就這個意義來看，接納是讓心敞開接受，對於事物的真面貌有真實、深層的了解。接納是暫停，是任其發展、順其自然、清楚觀看的一段期間。接納讓我們比較不會做出反射動作式的反應。接納讓我們全然覺察到困難與其所造成的各種痛苦的微細差異，然後以最巧妙的方式回應困難。接納給予我們更多時間和空間來回應，而什麼也不做，往往是最明智的回應之道。

矛盾的是，一般所指的採取行動，是使用心的行動模式，這往往是自動反應，毫無主動預防的作用。繼續擔任自動反應的奴隸，才是任由命運擺布。

簡言之，正念分明地接受一切現象，會帶給我們選擇空間。

或許十三世紀蘇菲派詩人魯米（Jalaluddin Rumi）所作的「客棧」（The Guest House）最能體現這樣的精神：

生而為人就像一間客棧。
每天早晨都有新的訪客光臨。

歡愉、沮喪與苛刻，
乍現的覺醒
就像意料之外的訪客。

歡迎並款待所有客人！
縱然來者是一大群憂傷，

暴烈橫掃你的房屋，
使得家具無一倖免，
仍要敬重每一位賓客。
他或許為你除舊布新，
帶來新的喜悅。

不管來客是惡念、羞慚還是怨懟，
你當站在門口笑臉相迎，
請他入內。

對任何來客都要心存感念，
因為每一個
都是上天派來指引的嚮導。

出自《魯米精選》（*The Essential Rumi*），
英譯者為柯爾曼（Coleman Barks），一九九九當然，這種接納很難做到。正念課程有些學員會在這個階段碰到障礙，本書的許多讀者也可能在此感到挫折。有些人會繼續重複前幾章詳細說明的禪修練習，這絕對會讓你大幅舒緩下來，其他人則可能整個把正念拋棄。前面所有章節都是為這個階段做準備，這麼說並不為過，因此希望你繼續練習第五週。到目前為止，禪修練習是鍛鍊注意力這種「肌肉」的必要過程，才能夠把專注及覺察力提升到能夠練習「艱辛禪」的程度。

接下來這週，不管發生什麼狀況，都要慈悲對待自己。禪修練習可以盡量重複練習（至少試試看能否做到所建議的最少次數）。沒有人在幫你的「進度」打分數，你自己也不用這麼做。

覺得與困境共處較為容易的國王[3]

從前有個國王有三個兒子，老大英俊瀟灑、討人喜歡，二十一歲時，國王在城內幫他蓋一座宮殿供他居住。老二聰明絕頂，人緣極佳，二十一歲時，國王在城內蓋了第二座宮殿供他居住。老三的外貌既不俊俏，腦袋也不甚靈光，而且態度不友善，不受人們歡迎。他二十一歲時，國王的顧問表示：「城內沒有空間了，小王子的宮殿就蓋在城外吧！陛下您一聲令下，宮殿必定蓋得堅固無比。您還可以派些衛兵過去，才不會被住在城牆外的流氓惡棍攻擊。」於是國王蓋了一座銅牆鐵壁的宮殿，派了一些衛兵過去保護。

一年過後，小兒子派人捎口信給國王：「我這裡住不下去了，那些流氓惡棍的勢力太強了。」於是顧問說：「在離城市和惡棍二十里之外的地方再蓋一座更大更堅固的宮殿。只要再多派一些衛兵，就算游牧部落從那邊經過，也能抵擋他們的攻擊。」於是國王蓋了一座更大更堅固的宮殿，派了一百名衛兵看守。

一年過後，小兒子送來一個訊息：「我這裡住不下去了，那些部落勢力太強了。」於是顧問說：「在一百里之外蓋座大城堡，大到足以容納五百名士兵，堅固到能夠抵抗鄰國人民的攻擊。」於是國王蓋了一座這樣的城堡，派了五百名士兵防守。

但是一年過後，小王子又送了一個訊息給國王：「父王，鄰國人民凶猛好戰，已經進攻兩次，若是再次進攻，我和您的士兵恐怕性命不保。」

這時國王跟顧問說：「讓他回來跟我住在王宮裡吧！與其耗盡王國的所有精力與資源來把他拒於家門之外，不如學習去愛我的兒子。」

這則故事有個重要寓意：長期而言，投注大量資源抵抗及壓制困境，不如與困境共處來的容易有效。

一點一滴挪向接納

接納分兩步驟，一是溫柔地留意自己是否忍不住驅趕或壓抑一切不安的念頭、感受、情緒及身體感覺。第二步是如同魯米所建議的，主動「站在門口笑臉相迎」，以及「敬重每一位賓客」。要做到這點不容易，偶爾還令人痛苦，但如果生命遭到不安念頭、感受及情緒的破壞，要默默屈從反而還加倍困難。祕訣在於小步小步地朝向接納前進。

第五週的練習

以下練習請在接下來七天中選六天執行。這週，三種禪修有效地合而為一、接續著練習，每天請按以下順序練習一遍：

- 八分鐘的觀呼吸與身體，詳細指示請參閱１４５頁（錄音檔４）。
- 八分鐘的觀聲音與念頭，詳細指示請參閱１６４頁（錄音檔５）。
- 十分鐘的艱辛禪，詳細指示如下（錄音檔６）。
- １５０頁的呼吸空檔（錄音檔８）；按照之前的方式，搭配本章結尾所增加的指示練習。

- 舊習破除活動——如同本章結尾所示。

本週一開始是練習兩種八分鐘的禪修，好讓身心準備好練習第三步的艱辛禪：前兩種禪修是把自己固定在當下的方式，如此才能夠拉開距離而更清楚地觀看自己與世界。

艱辛禪這個禪修練習非常溫柔地邀請你回憶令人煩惱的情境，然後觀察身體如何反應。以身體做為觀察對象是比較聰明的方法，因為在心直接面對困境時，可能會過於目標導向。心會想幫忙，但方法是壓抑負面現象，或是拚命分析及解決帶來煩惱的事情，這時要把心當成禪修的所緣，太困難了。相反的，把焦點放在身體上，等於是在你和問題之間放入一個小小的縫隙，所以你不會立刻陷入問題。就某方面來說，你利用身體而非善於分析的心來面對負面情況。你所處理的還是同樣的原始材料，只不過是以心的不同模式做為背景，好讓身心最深層、最有智慧的部分自行運作。這個方式還有另外兩個好處：首先，身體對於負面情境的反應往往提供更清楚且更連貫的「訊號」，比較容易讓我們專注其上。第二，你會發現身體感覺往往會變化流動，這有助於深層體悟到，心境往往也是每分每秒地起落變動。

你會發現一切都在改變：就連在人生最黑暗的時刻所想像的最糟情境也會改變。

練習艱辛禪時（錄音檔6），就能看到這個轉變的過程。

艱辛禪（錄音檔6）

靜坐幾分鐘，專注於呼吸所帶來的覺受，然後把覺察力擴大到包含全身（見145頁的觀呼吸與身體），接著觀聲音與念頭（見164頁）。

靜坐時，如果發現注意力一直被痛苦的念頭、情緒或感受拉走而無法專注於呼吸（或其他焦點），就可以用有別於以往的方式來練習。

第一步是允許念頭或感受繼續待在「心的工作台上」。

第二，把注意力轉移到身體內，而能夠覺察到任何伴隨念頭或情緒生起的身體感覺。

第三，刻意把焦點移到感覺最強烈的部位。呼吸有助於轉移焦點，因此（就像身體掃瞄所練習的）吸氣時「把氣吸到該部位」，吐氣時「把氣從該部位吐出」，以此方式溫柔且友善的把覺察帶到身體該部位。

身體感覺一旦成為注意力的焦點、覺察範圍的中心，就要提醒自己，目的不是改變，而是以友善的好奇心探索，觀照其來來去去。你可以在心裡對自己說：有這種感覺是可以的。不管是什麼感覺，都可以讓自己開放面對。

接著，請維持對於身體感覺的覺察，以及觀照你與感覺的關係。你是否想擺脫它們，或是有辦法全心觀照、跟著感覺一起呼吸、開放接納、任其發展？請在內心重複：「這是可以的。不管是什麼感覺，都可以讓自己開放面對。」利用呼氣來一再軟化及開放面對這些感覺。

如果練習艱辛禪時，心中沒有自然浮現困難或擔憂，而你又想嘗試這個新方法，那麼在準備好時，看能否刻意把目前生活中發生的一件難題帶到心上，這些難題是你不介意花點時間觀照的，不必是非常重要或關鍵，只不過是你覺得不甚愉快而且還沒解決。可能是場誤會或爭論，是你對於已發生的某事感到氣憤、後悔或內疚的情況，或是對於未來的擔憂。如果還是想不出來，可以選擇過去曾經讓你不愉快的事，近期的也好，很久以前的也好。

現在，一旦想起煩惱或不愉快的情況，就讓它靜置於心的工作台上，然後讓注意力沉入身體，覺察該困境所喚起的任何身體感覺。

請你注意、面對和靠近身體所生起的任何感覺。正念分明地觀照，刻意把焦點導引至感覺最強烈的身體部位，吸氣時把氣吸到該處，呼氣時把氣帶離該處，探索這些感覺。你在覺察當中懷抱感覺時，觀照其強度剎那瞬間地起伏變動。

如果想深化這種接納及開放的態度來面對體驗到的任何感覺，可以不時提醒自己：「感覺出現了。有這種感覺是沒問題的。不管是什麼感覺，都已經出現在這裡，我要敞開心胸面對。」

接著，看能否停留在覺察之中，繼續觀照這些身體感覺以及你看待它們的方式，隨著感覺一同呼吸、接納感覺，讓其維持現狀、呈現原本面貌。柔軟且開放地面對覺察到的感覺，放下僵硬和緊繃。每次呼氣時都在內心跟自己說：「柔軟、開放」。

一旦發現身體感覺不再那麼強烈地拉走注意力，請完全回到呼吸上，繼續把呼吸當成主要的觀照對象。

如果在接下來的幾分鐘沒有出現強烈的身體感覺，請自行試著「把氣息吸入及呼出」任何注意到的身體感覺，就算它似乎跟任何強烈情緒無關。

日復一日探索接納

每天請你刻意回想一個困境來觀照，記得不一定要選擇大難題，而是容易想起且不會大幅影響情緒的事情。可能是與朋友或同事的小爭執、旅行計畫所帶來的緊張感覺，或是你一直拿不定主意的決定。想到這些事情會帶來不自覺的反應，其力量之大，可能會讓你嚇一跳，但是出現投入、分析、解決和沉思這件事情的傾向時，請記得觀照。這時，提醒自己把注意力帶回到身體上，無時無刻觀照身體因念頭而起的反應。如同之前的禪修練習，看能否維持溫暖、好奇、溫柔與慈悲的覺察力。

讓這種慈悲覺察充盈身體時，看能否正念分明地注意哪個身體部位出現不舒服的感覺。肩頸部位常有緊繃現象，恐懼會讓心跳加快，期待會讓胃部翻騰，好像裡頭有許多蝴蝶在振翅亂飛一樣。意外的疼痛或輕微的疼痛可能來來去去，關節會開始發疼，或者肌肉突然沒力。你可能會喘不過氣來，或者頭部一陣暈眩。身體對於不安的情境會有千萬種不同的反應，觀困境給你機會觀察，在不同情況下，身體會把疼痛集中在哪個部位，讓你拉開距離觀看反應的生起。

身體反應有時候幾乎觀察不到，其他時候則從不同地方同時湧現。這就像出水忽冷忽熱的淋浴熱水器蓮蓬頭，一開始水出不來，忽然噴出冰冷的水柱，緊接著又灑下滾燙的熱水。不管情況如何，請把覺察焦點放在感覺最強烈的位置。把溫柔友善的覺察帶到這個身體部位，吸氣時「把氣吸入該處」，呼氣時「把氣帶離該處」。一會兒過後，等你能夠全然觀照這些感覺時，默默對自己說：「有這種感覺十分正常，敞開心胸面對是行得通的。」與這些身體感覺共處，予以接納、任其發展，盡可能不帶批判地探索。觀照瑜珈伸展練習所帶來的強烈感覺時，你可能已經用同樣方式觀照身或心的不適，視其為接近體能邊緣但不硬撐的機會；你靠近並探索瑜珈伸展動作的「邊緣」，練習觀困境時也可以這麼做。

要是覺得內心或身體反應太過痛苦難受（如果起了厭惡感），記得你不必一頭栽進去。請自行退後一步，把注意力從困境上轉移開來，維持洋溢著溫暖、慈悲與好奇的覺察。要是過了一會兒，你又有足夠的信心，那就再向前一步，再次把困境帶到心頭上，觀照隨之而起的身體反應。重點是感知身體的反應，這就是學習如何化解負面漩渦的第一步。身體以截然不同的方式處理問題。放下「解決」問題的需求，更深層的療癒能力就有機會發揮作用。

探索身體反應時，請儘量避免刻意詢問任何問題，而是細膩體會身體感覺是如何剎那變化。感覺有什麼特色？是「收縮」或「緊繃」的感受嗎？你把氣息帶入感覺發生的部位，讓自己敞開心胸面對這個部位的任何現象，這時感覺起了什麼變化？練習艱辛禪時，心裡是否產生期待、掙扎或洩氣的感覺，如果如此，是否有對應的身體感覺出現？

整個禪修過程中，請抱持探究而開放的態度。你就像個探險家，想要把目前為止未被發現的新地域繪成地圖，對於土地的整體狀態及特定的斷崖山谷有興趣，想知道地形模式、貧瘠及肥沃、平坦及崎嶇的地方。探險家盡可能精確繪製地圖，因為不精確就是不尊重在那裡發現的地形。同理，你進入後幾週的課程時，重點是保持好奇心和興致，觀照每一剎那身心面臨的變化，維持覺察力，才不會錯過位於生命中心深層的美麗。

在整個艱辛禪的練習中，盡可能留意是否會想「解決」或「修正」任何來到心裡的困境。接納跟正面改變有關，因此心的行動模式利用接納態度來解決難題是很自然的。這可能聽起來又像是沒有差異的區別，但兩者間其實有非常細微的差異。記得幫迷宮中的老鼠找到洞穴的實驗嗎（見131頁）？該實驗顯示，非常微細的心境差異會導致大相逕庭的結果。本週的禪修也是同樣情況。如果你帶著解決某個問題的渴望來練習，你只會啟動心的自動導航器，踏上反感的途徑。你甚至覺察不到導航器已經啟動了，但它可能已經在覺察的層次之下展開行動。最後，你可能會感到悲傷或失望，覺得「似乎什麼也沒改變」，這時你就知道導航器和反感已經啟動了。當然，要完全消滅這種渴望不是不可能，只是非常困難，但要記得，你是在對自己培養慈悲，沒有「失敗」這回事。你每次意識到自己在評判自己，就顯示覺察力已經回到更完整的狀態——這是正念力量愈來愈強的關鍵因素。如果覺得艱辛禪太難，請儘管暫時放在一邊，每天練習其他禪修就好。要是有一天想更進一步探索，隨時可以回頭練習。

有時候似乎什麼也沒發生……

練習艱辛禪的經驗時常讓人吃驚，比方說，似乎什麼也沒發生的情況。哈利發現他回想工作上的困境時，什麼感覺也沒有：「不知道是不是用錯方法，」他表示，「結果說時遲那時快，我的胸口感到一陣緊縮，雖然不痛，但是感覺非常清晰，讓我著實嚇了一跳——我從來沒注意自己擔心時，身體會起什麼反應。我沒有試著推開這個感覺，反而覺得很有意思，可能是因為有感覺是需要時間的。緊縮感忽強忽弱，所以我決定跟它共處，體會它的變化。最後感覺逐漸淡去，等我回到念頭上時，引發那陣緊縮的擔憂已經消失了。」

桑妮雅雖然立刻有感覺，但是經驗類似：「我知道，要專注的困境是前幾天某人對我先生說的一句話。我覺得『把它留在心的工作台上』這個譬喻非常有幫助，因為這表示我什麼也不用做。我立刻感到下腹部有感覺，於是把焦點放在上頭，跟隨禪修，觀想氣息流入該處，跟身體掃瞄的方法一樣。有些感覺維持不變，其他似乎來來去去。接著，我沒有刻意刺激，一件截然不同的事情就從腦海裡冒出來（跟我兒子的學校作業有關的事情），然後身體的感覺立刻改變，我的上胸口和喉嚨感到緊縮，然後又回到原本的狀態。我在覺察中觀照這一切現象時，很有幫助的做法是，隨著每次呼氣在內心說『柔軟、開放』。這應該是我第一次確實抓到順其自然的要領——我是探索感覺，而不是想把它趕走。」

桑妮雅跟哈利一樣，在回到念頭上時，發現之前造成困擾的情況雖然還在，但是不像以往那麼急迫。那些情況是怎麼了？

正念接納困境有其效用，理由有二，這兩個理由彼此相連：一、打破導致負面漩渦的第一環節。接受負面的念頭、感受、情緒和身體感覺（僅只是承認它們的存在），就已經在預防自動反感通路的開啟。如果不捲入負面漩渦，它的動力就會逐漸削弱。如果我們跟哈利和桑妮雅一樣，在負面漩渦的第一個最為重要的轉折處就做到正念接受，那麼它永遠不會得到足夠的動力自我延續，而會自動消失。

還記得戴維森和卡巴金所做的實驗嗎？他們把感應器貼在頭皮上，測量左右腦前額的電活動，發現生科公司的員工在接受正念課程的訓練後，就連悲傷時都能夠維持趨向導向、探索性的心智模式。我們牛津大學於二〇〇七年發表的實驗發現，在參加正念課程之後，就連曾經罹患憂鬱及想過自殺的人，其腦部活動顯示，他們也能夠跟生科員工一樣，轉變為趨向而非逃避的心智模式[4]。哈利和桑妮雅都體驗到，面對困境而不觸發身體強大的「反感」機制，就會得到解脫自在感。

如同之前所示，內心想到困境時，腦部的慣性反應是把它當成真實的敵人，所以往往會關閉腦部極具創意的「趨向」機制。面對某些困境時，收斂不正經的態度或許是必要的，但是在回憶過去或期望未來時，困境是腦海裡的想像而非現實，因此不必如臨大敵一般對待，否則只會鞏固心防、阻礙創意：我們覺得深受束縛、垂頭喪氣而顯示屈服，否則就是身體準備好要作戰或逃離。還記得第二章提到的腦部掃瞄研究嗎？研究發現，正念量表上分數較低的人（做事急匆匆，難以活在當下，太專注於目標而與外界失聯的人），他們大腦顳葉前端的杏仁核（主宰戰或逃反應的地方）長期以來都處在過於活躍的狀態[5]。你可能以為匆忙度日能夠完成更多事情，但其實是啟動了腦部的反感機制，無形中破壞了你所追求的創意。

正面接納困境能發揮作用的第二個原因是，你能夠精確覺察到念頭。比方說，「我應付不來，再下去我就要尖叫了！」這個念頭，觀察它帶來的反應，感受肩膀和胃部肌肉的緊縮，直到最後感覺消散為止，你會更清楚看到，這是恐懼而不是事實。你的確應付那個情況，而且沒有尖叫。那是強而有力、令人覺得似幻似真的恐懼，但從來不是事實。負面感覺不管用什麼形式呈現，都可以把它與現實交叉檢驗，這是有力的解決之道。

呼吸空檔：把所學應用於日常生活中

過去幾週，每天練習兩次呼吸空檔，此外只要覺得需要也可增加練習。現在我們建議每當身或心感到不安時，應把呼吸空檔視為首要的停靠港。

練完一次呼吸空檔後，有四個選擇任你挑。上週說過，第一選擇是回到原本的事情上，但是帶著更強的覺察力來進行。這週我們建議在呼吸空檔之後，溫柔且不間斷地接續到觀身體，使得覺察力彷彿「沉入」身體一般，在心中出現困境時，觀照有無身體感覺出現。這週的呼吸空檔跟這幾週以來練習的方式非常類似，但是更為細膩精緻，幫助你以更大程度的慈悲來探索困境。這週，為時更長、更為正式的禪修與日常生活之間一樣由呼吸空檔擔任橋梁，只是地位更重要了。呼吸空檔的三步驟照常執行，但是更為細膩，如同以下所示。覺察力還是以往的沙漏形狀，此外，請特別注意「第三步」的額外指示，幫助你更加溫暖慈悲地探索困境。

第一步：覺察

你已經練習了觀察，也就是把覺察焦點放在內在經驗，注意念頭、感受和身體感覺的變化。現在可以試試看把經驗化成文字，描述、承認和辨認念頭與感受，比如在內心告訴自己：我感受得到憤怒在擴大、自我批判的念頭出現了。

第二步：重新導引注意力

之前你綿綿密密地觀照整個吸氣和呼氣的過程，就已經是在練習溫柔地把全部的注意力重新導引到呼吸上。這週，你也可以試著在心中說：吸氣……吐氣。

你也可以數息，比如吸入第一口氣時默唸：「吸氣……一」，吐氣時默唸「吐氣……一」。下一口吸氣時，默唸「吸氣……二」……一直數到五，才又回到一從頭開始。

第三步：擴大注意力

你已經練習讓注意力擴大到全身。這週，你不是像以前一樣安住在全然的覺照中一陣子，而是溫柔意識到任何不舒適感、緊張或抗拒，就像觀困境時一樣。要是注意到這些感覺，請透過「把氣吸到對應部位」的方式，直接把注意力帶到、進入對應部位。吐氣時，把氣帶走，同時軟化與放開。這時跟自己說：「有這種感覺是沒問題的。不管是什麼感覺，都可以開放面對。」不舒適感消失時，繼續回到全身的觀照。

可以的話，延長這一步驟的時間，不只是平常的一、兩分鐘。繼續覺察身體感覺和你與它們的關係，呼吸它們、接納它們、放任它們發展，讓它們如實呈現。可以把延長的這段時間當成第四步驟，或是視其為連接到日常生活的橋梁。因此，不是立刻繼續剛才所做的事情，而是在覺察中安住一會兒，探索覺照空間裡身體傳來的訊息。

盡可能把擴大的覺察力帶到當天接下來的時刻裡。

破除舊習的播種練習

照顧植物或播下種子是生活中非常簡單的活動，卻會帶來意想不到的大收穫，甚至可能救你一命。一九七〇年代末期，哈佛大學心理學家蘭格（Ellen Langer）與研究團隊執行一系列現在相當著名的經典實驗，實驗裡，他們請一群養老院的年長者照顧房間裡的一株植物[6]，告知他們要負責澆水，確保植物得到足夠的陽光和養分。同時，另一群年長者的房間也放了一株植物，但是被告知「別去管它」，護理人員會幫他們照顧那株植物。接著研究員測量兩組受試者的快樂程度，驚訝地發現，需要主動照顧植物的那組明顯的更為快樂和健康，壽命也較長。可見光是照顧另一個生命體的舉動，就能明顯改善生活。

這週何不種些種子，或是購買或跟朋友借一株植物？如果是種下種子，何不種蜜蜂可以採蜜的那種？工作中的蜜蜂有其迷人之處。或者，何不種以後可以吃的植物，比如蕃茄、萵苣或蔥？種下種子時，感受種子和土壤的質地。身體是否有緊繃的地方，也許出現在肩頸部位？你把泥土撒在種子上時，看著土壤是如何從指縫間滑落下來。現在把速度減半，感覺不同嗎？土壤的氣味如何？有濃重的泥土味，或是沙質土壤所具有的微酸氣息？幫種子或小植物澆水時，仔細留意光線映照在水滴的方式。何不花點時間搜尋資料，多認識你將照顧的植物？

伊拉娜後來怎麼了？

伊拉娜在其著作《此時此地》第二版的序言寫道：「我有時候被問到：『妳治好了嗎？』我會反問：『治好什麼？』」

她這麼作結：「我還活著，活得好好的，我繼續挑戰自己完全活在此時此地。你呢？」[7]

10 第六週：耽溺過去或活在當下

凱特一言不發地坐著。心理諮商師陪著她，讓靜默維持一陣子。諮商室位於繁忙的醫院內，外頭走廊的吵雜聲持續不停。她吞下過量的抗鬱劑之後，在二十四小時前被送入醫院。她身體無恙，藥效已消，但仍覺得疲憊不堪，同時也覺得可恥慚愧，氣自己做了傻事，感到既悲傷又孤單。

護士問她為何服用過量的抗鬱劑，她表示真的不曉得，只知道當時感到絕望無助，必須做點什麼事，而除此之外又想不到其他事好做。她不是真的認為自己會死——她不是真的想死，那比較像一種想要暫時逃離一切的感覺，就好像用被子蒙住頭，讓世界暫時消失。人生變得太複雜，太多人依賴她，她覺得自己辜負了所有人。她覺得：「也許我不擋其他人的路，他們每個人的生活都會好很多。」

在與諮商師談話的過程中，她的人生故事逐漸展開。曾經一度，生活中的事情單純直接：唸中小學、上大學、擔任祕書、開車幾小時就可以到爸媽家、與男友交往穩定（現在沒有對象，但也不會非常孤單）、擁有不錯的朋友圈（「他們會怎麼想？」她突然問道，然後開始哭起來）。

凱特的生活在十八個月前陷入混亂：她出了車禍，雖然保險公司判定兩方責任各半，但她還是覺得錯的是她。雙方的車裡都沒有人受傷，但對凱特而言，瘡疤是在心裡，而不是身上。當時她開車載著六歲大的外甥女艾咪去購物中心，車禍之後，艾咪也安然無恙，甚至能毫不恐懼地談論事發經過，似乎心裡毫無陰影。凱特的姊姊鬆一口氣，知道女兒和親愛的妹妹都沒有遭受太大的傷害。

但是凱特無法原諒自己，在心裡一再播放那場車禍的經過：要是艾咪沒繫上安全帶怎麼辦（艾咪有繫安全帶）；要是對方開更快怎麼辦（對方並沒有開更快）；要是艾咪受傷甚至喪命怎麼辦（艾咪根本毫髮無傷）。凱特的心掉入了慣性思維：創造假想情境，最後成了揮之不去的內心戲。她再怎麼努力，那些影像還是在心裡纏繞不去。逐漸的，她發現自己專注在這些假想情境上的次數，跟思考實際事件的次數一樣多，甚至更多。她罹患所謂的創傷後壓力症候群（PYSD）[1]，而且鬱鬱寡歡，隨時感到疲累且無精打采；生活中的樂趣消失了，以前感興趣的事物，現在也覺得乏味了。最後，所有這些感受積聚成一種心境，只能描述為延長的精神痛苦：凱特一下覺得空虛無望，一下感到混亂困惑。現在她比較少想車禍那件事，卻把更多心思放在她承受的精神痛苦上。承受這種痛苦的人都會出現以下框格裡的念頭，而她的心思繞著這些主題打轉[2]。

精神痛苦：纏繞不去的念頭……

- 我束手無策。
- 我快崩潰了。
- 我沒有未來。
- 我徹底失敗。
- 我再也找不回往日的歡笑。
- 我再也不是以前的我。
- 我一無是處。
- 我是其他人的負擔。
- 我生命的一部分已經永遠好不了了。

- 我找不到人生意義。
- 我無藥可救。
- 痛苦不會有消失的一天。

凱特的故事非常直接地呈現大家可能陷入的心境。我們發現，自己會因為過去曾經做過或沒有做到的事情而責備自己，而且苛責自己的方式五花八門，微細到難以察覺。我們到處拖著重擔，包括過去的失敗、未完成的事件、人際關係的糾葛、未和解的爭執、未實現的自我抱負或他人的厚望。這個重擔或許不像凱特的車禍帶來那麼大的心理創傷，但是她的經驗呈現大家共有的某些內心層面：難以放下過去、反覆思考過去發生或未曾發生的事情，或者擔憂還沒出現的未來。心陷入這樣的習慣且不放手時，你會發現自己鑽牛角尖。你再怎麼努力，還是無法讓心脫離自己的目標和想像：這個狀態稱為「痛苦的交戰」（painful engagement）[3]。事實上，你在這種時候可能會覺得，要是讓自己再度快樂起來，就等於背叛某人或某個原則。凱特犯下如此罪過，怎麼可能開心得起來？她覺得自己沒有資格快樂。

要了解為何所有人大部分時間都活在內疚之中並不難。罪惡感無所不在。社會價值的建構基礎是罪惡與羞恥感。應付不來時就覺得內疚；當個爛人或爛丈夫、妻子、母親、父親、兄弟、姊妹、女兒或兒子，就覺得良心受到譴責；沒有發揮潛力，就覺得於心有愧；不符合自身期望，就覺得羞慚；感到氣憤、怨恨、嫉妒、悲傷、心懷惡意、絕望無助，就覺得可恥；享受人生，就覺得良心不安；感到快樂，就覺得做錯事了……。

這種愧疚羞恥感主要是基於恐懼。恐懼是腦中如影隨形的內在惡霸：擔心自己不夠好、害怕自己一放鬆就會失敗、恐懼自己一鬆脫束縛就會一發不可收拾、擔心要是不維持自我防備就會被淹沒……如果害怕別人的批評，何不保守一點，先用內建的批評來攻擊自己？[4] 一個恐懼勾起另一個新恐懼，然後又餵養出下一個恐懼，如此永不停止、令人衰竭的循環只會榨乾能量，使我們最後像個空殼一般飄過人生。

但凱特的經驗還有另一個容易受到忽視的面向：她所有念頭都有不可逆轉的特性。車禍之後，她的感受整個不同了，而且這點再也無法轉變。她在心理創傷與憂鬱之間努力掙扎，而抗鬱劑幫助不大，她覺得人生已經不可逆轉遭到破壞，她已經再也找不回歡笑了。任何人都可能掉入同樣的精神陷阱，心底隱約認定，某些遭遇讓我們人生再也不一樣了。

但為什麼會有這種想法？答案在於我們記憶過去事件的方式。科學研究已有長足的進展，更了解人類對於生命事件的記憶是如何運作，以及記憶的運作是如何出錯。威廉斯與其研究同仁多年來進行一系列實驗，請自願參與的受試者回憶過去的快樂事件，這些事件不見得是重要的，但必須發生在過去，且為時不到一天。大多數人很容易就想到某件快樂的事情，也許是某個好消息，或在山林中健行時看到宏偉的景觀、初吻的滋味，或是與好友出遊的那一天。請注意，這時記憶運作流暢，能夠擷取特定的事件，知道這件事發生在某天、某時和某地（雖然無法精確想起是幾年幾月幾日發生的）。你可以用左邊的問題來驗證更多例子。

真實事件的記憶

下列詞彙分別讓你想到什麼親身遭遇的事件？把發生的事情記在心裡或寫下來。（那件真實事件是很久以前或最近發生的，都無所謂，但務必是為時不到一天。）

以「玩得愉快」一詞為例，可以說「我去參加珍妮的派對時玩得很愉快」，但不能說「我每次參加派對都玩得很愉快」，因為後者沒有提到特定事件。盡量為每個詞寫下一些回憶。

記得每個項目的往事為時不能超過一天。

想想看，你什麼時候感到：

- 快樂
- 無聊
- 鬆一口氣
- 渺無希望
- 興奮
- 失敗
- 孤單
- 悲傷
- 幸運
- 放鬆

但是要明確點出某個事件，不見得容易。研究發現，如果曾經遭遇創傷性事件，或是感到憂鬱、疲憊或是一心想著自己的感受而無法跳脫，這時記憶會顯示不同的模式。擷取過程無法取得某個明確的特定事件，而是光是完成回想的第一步就停止了，所擷取的變成是事件的摘要，結果往往是心理學家所謂「過於籠統的記憶」。

因此，當凱特被問及能否想到過去讓她快樂的事情（過去任何特定事件），她回答：「我和室友以前常在週末出去。」她的記憶在產生某個明確插曲之前就停止了。請她回憶任何曾經讓她難過的明確事件，她說：「和我媽爭吵。」問她是否有哪一次的爭執記得特別清楚，她簡單回答：「我們隨時都在吵。」

凱特的回應並不算獨特。我們牛津大學所執行的研究，以及全世界其他實驗室的研究都發現，這個模式在一些人身上很常見，尤其是太疲累或太忙亂而無法清楚思考的人、有憂鬱傾向或曾經經歷創傷的人。起先，研究者不清楚這種記憶困難所帶來的衝擊，後來發現，一個人如果愈容易以這種不明確的方式擷取記憶，就愈難放下過去，而且愈受到目前生活中不如意情況的影響，也愈難在受到打擊之後重建生命[5]。舉例而言，二〇〇七年，在澳洲雪梨從事研究的布萊恩特（Richard Bryant）教授發現，加入消防隊時呈現這種記憶模式的消防隊員，在從事高壓力的救災工作一段時間之後，所目睹的災難景象在其心中造成更大的創傷[6]。另一位同仁埃勒斯（Anke Ehlers）教授發現，記憶模式過於籠統的人，在被攻擊之後更可能出現創傷後壓力症候群。他們進一步調查之後發現，這種記憶困難跟兩個傾向並存，一是思慮過多，二是遭受攻擊之後，覺得事情永恆且不可逆轉地改變了[7]，這第二點也同樣重要。

念頭之舞

想像自己擠在人山人海的酒吧裡，看到一位朋友在跟你的同事說話。你露出微笑，向他們揮手。他們朝你這個方向看過來，但似乎沒注意到你。

這時你心裡飄過什麼念頭？感覺如何？

你可能認為這一幕的意思再清楚不過，但其實非常模糊。你跟五、六個人描述這樣的情境，會得到各式各樣的答案，而答案所根據的基礎，比較是被問者當時的心境，而非任何具體的「現實情況」。要是你最近心情愉快，大概會認為那兩位朋友沒有理你，是因為沒看到你揮手，於是你很快就忘了這回事。但如果你基於某種理由（任何理由）而不開心或煩惱，念頭就會編出另一支舞碼，這一幕就會帶來完全不同的意義：你可能斷定他們想避開你，或者你發現朋友又更少了。你心裡可能會想：

他們假裝沒看到我。又來了。是不是她從來就不喜歡我，老早就不想跟我當朋友了？為什麼友情這麼短暫？這世界愈來愈膚淺了。

這種「自言自語」能夠把淡淡的一絲哀愁，快速轉變為為時更長且更為深層的一陣難過，讓你不禁質疑許多你最珍視的信念。為什麼？

我們的心總是非常渴望了解這世界，而心在解讀世界時所處的脈絡，是多年來累積的包袱再加上當下的心情。心不斷收集零碎的資訊，試著把它們拼貼成有意義的圖案，方法是不斷以過去做為參考值，看看目前的情況是否即將以同樣方式展開。接著，心把這些模型推演到未來，再次檢視是否出現新的模式或主題。身而為人的顯著特徵之一，就是在這種模式間取得平衡。這是我們賦予世界意義的方式。

舞碼凍結時

這支念頭之舞看起來非常精彩，直到它開始「凍結」，情況就變了。過於籠統的記憶傾向摘要事件，接著摘要永遠被視為真相，而所造成的副產品就是把過去凍結起來。因此，你一旦把朋友在酒吧裡的行為詮釋為「排拒」，就很難回溯該情境的實際細節，考慮其他的詮釋方式。你過度概化，尤其疲累或一心想著自身問題時，更容易如此。念頭之舞凍結時，往後記得的只是「自己又被人排拒了」。你的世界失去質地和色彩，變成非黑即白——非勝即敗。

這項研究的寓意極為重要：「事情不可逆轉」或「我永遠受傷了」這種感受，是內心模式極具毒性的一個面向，但我們容易陷入其中而無法自拔，因為那種念頭似乎在說：「我是永恆的：你拿我沒輒：我永遠陰魂不散。」這種恆常的感覺源自陷入過去、過度籠統地回憶往事的傾向。過度概化的養分，來自於壓抑討厭的記憶，或是拿著這件事左思右想。壓抑和左思右想都令人精疲力盡，也會提供養分給過於籠統的回憶。一旦記憶過於籠統，我們就不會回到過去事發經過的確實細節，而是陷入及卡在該事件所引發的罪惡感，以及認定未來不會改變的絕望感中。雖然這感覺起來是永恆的，但好消息是：它是暫時的。雖然它在散佈錯誤的訊息，但是它可以改變。我們的研究發現，八週的正念訓練讓記憶更明確，比較不會過度概化[8]。正念讓我們跳脫過度概化的陷阱。

你要是一直按部就班地練習禪修，到這個階段可能已經體會到這點了。接納源自過去的「內疚」與「恐懼」，或許已經讓你稍微喘口氣，找到生命中的寧靜綠洲。以前想到一些往事，就忍不住激動起來，或許現在覺得回憶往事更輕鬆。這些事件或許依舊會帶給你痛苦，而且可能還相當折磨，但你開始察覺這些事件其實早已過去，可以放下，放回它們原本所屬的位置。

會有這些改變，是因為你每天一直在探索替代方案，逐漸不受一觸即發、思慮過多的逃避模式影響。逃避模式會引起過度概化，讓你侷限在過去，以及讓未來蒙上一層陰影。葡萄乾禪、觀呼吸、身體掃瞄、正念伸展、透過觀聲音來觀念頭、透過觀身體練習艱辛禪等等，這些練習每一個都有助於你深刻體會到新的可能性。你可以時時刻刻安住在不帶評判且慈悲的智慧裡。

我們教導正念課程時，看到許多人發現原本認為永恆不變的事物其實是會改變的，因而嘗到心靈自由的滋味。但有時候，目前的所有禪修方法還是無法觸及到心的每一個角落。不知為何，許多僧侶禪修幾星期、幾個月甚至好幾年，卻從來沒有真正領會仁慈待己的重要性。他們只把禪修視為另一件必須做的功課。

給自己多一點寬容

你對自己是如何嚴苛批判？慈悲待己和停止嚴苛地評判自己，就是在狂亂世界中找到寧靜的基石。請自行回答以下問題：[9]

- 我會因為不合理或不當的情緒而苛責自己嗎？
- 我有某種感受時，會叫自己不應有這種感覺嗎？

- 我是否認為，自己的一些念頭是不正常或不好的，而且我不該那麼想？
- 我是否會判斷念頭是好或壞？
- 我是否叫自己不該這麼想？
- 我是否覺得，自己的一些情緒是不好的或不適當的，而且我不應該有這種情緒？
- 心中出現令我煩惱的念頭或影像時，我是否會根據該念頭／影像的內容而評判自己是好或壞？
- 我有不合理的想法時，會不會認為自己是不好的？

要是非常符合你情況的項目超過一、兩項，你可能對自己太嚴格了。可以開始對自己更慈悲嗎？這份問卷的目的在於，了解你對自己的嚴格程度，但不是增加另一個批評自己的理由。把自己的反應當成提升覺察的助力，而不是成功或失敗的徵兆。

因此，如果不只是想得到培養正念所帶來的深層平靜，也想在生活壓力中維持平靜的心，就要再更上層樓。你要慈悲看待世界，而唯有清楚自己是誰，並且以最深的敬意、榮耀和愛來接受自己，才有辦法做到這點。本章最後一個禪修練習是慈心禪。練習時，你意識到，不管覺得慈悲待人有多麼困難，可能都不如慈悲待己來得具有挑戰性。

第六週幫助你把仁慈帶回生活裡——不只是對他人的仁慈，還包括對自己的慈悲。

第六週的練習

- 這週新的禪修練習是十分鐘的慈心禪，將在以下詳細說明（錄音檔7），請在接下來七天中選六天練習。每一次要練習慈心禪時，請先靜坐一會兒當作暖身，可以跟隨錄音檔1或錄音檔4的引導（第一週和第三週），或者覺得有能力的話，可以不播放錄音檔。

此外：

- 繼續練習三分鐘的呼吸空檔（見150頁），目標是一天兩次，以及任何覺得需要的時候。
- 本章結尾的舊習破除活動，也請挑一個練習。

慈心禪[10]（錄音檔7）

在溫暖舒適的地方，花個幾分鐘安定下來；這是你可以獨處一陣子，能夠感到放鬆又警醒的地方。

採用一個你覺得莊嚴而覺醒的姿勢。坐著的話，請讓背脊有力，肩膀放鬆，胸口張開，頭部垂正。

把注意力放在呼吸上，然後擴展到全身幾分鐘，直到身心安定下來。

心散亂時，意識它剛剛飄到了哪裡，記得這裡有兩個選擇：把注意力帶回到原本專注的對象上，或讓注意力沉入身體，探索哪個部位正在經歷煩惱或擔憂。請自由使用之前教過的任何禪修練習，當作慈心禪的前行。

準備好時，讓心生起以下這幾句話，全部或部分皆可，也可以改變文字，讓自己唸起來更有感覺，成為你專屬的大門，帶著對自己深層的友善：

願我脫離痛苦。

願我盡可能健康快樂。

願我身心輕盈安定。

慢慢來，把每句話想像成投入深井裡的一顆石子。你按順序一次投入一顆，然後聆聽念頭、感受、身體感覺有無任何反應，或是有無採取行動的衝動。不需評判生起的反應。你是在為自己練習。

要是難以對自己發出任何友善的意念，請想起過去或現在無條件愛你的一個人（或甚至一隻寵物）。一旦清楚感覺到他們對你的愛，看能否回到原本的練習，把這股愛送給自己：願我脫離痛苦。願我健康快樂。願我身心輕盈安定。

想在這一步驟停留多久都可以，然後才進入下一階段。

在下一階段，觀想一名親人，以同樣的方式祝福他（或是她或他們）：願他（她／他們）脫離痛苦。願他（她／他們）盡可能健康快樂。願他（她／他們）身心輕盈安定。

同樣的，你在心裡祝福對方時，看看自己的身心有什麼現象生起，一樣是讓反應自然產生。慢慢來，在每句話之間暫停一會兒，仔細傾聽，觀照呼吸。

準備好進入下一步時，請選擇一位陌生人當做觀想對象。他可能是你固定會看到的人，可能在街上、公車上或火車上看過，你認得他，但不知道名字，你對他不喜歡也不討厭。意識到你雖然不認識這個人，但他大概也跟你一樣，人生充滿希望及恐懼，也跟你一樣希望快樂。因此，在心中觀想他，重複那幾句話祝福他。

現在，如果還想把慈心觀進一步延伸，可以觀想一位難相處的人（過去或現在的都可以）。他不見得是你這輩子遇到最可惡的人，但不管選擇哪個對象，現在請刻意把他放在心中，承認他也希望（或曾經希望）快樂和遠離痛苦。重複這幾句話：願他（她）脫離痛苦。願他（她）健康快樂。願他（她）身心輕盈安定。停頓，傾聽，注意身體所生起的感覺。看能否探索這些感覺而不予以刪改，或是評判自己是好或壞。

記得，覺得受不了，或被強烈的感受或念頭拉走，隨時可以回到身體的呼吸上，再次讓自己固定在當下，對自己生起慈悲。

最後，把慈愛延伸到所有眾生，包括親人、陌生人和難相處的人。這裡的用意是把愛和友情延伸到地球上的所有生命——記得所有生命包括你！願眾生脫離痛苦。願眾生健康快樂。願大家身心輕盈安定。

最後一步結束時，花點時間靜坐，感受呼吸與身體，安住在當下的清明覺察中。不管這次練習的經驗為何，都要向自己的勇氣致敬，因為你願意撥出時間滋養自己。

而這可能不容易……

要真正友善慈愛地對待自己是很難的，因此，花時間探索這個練習需要決心和熱情。幸好除了每日的正式禪修之外，隨時隨地都可以練。逐漸的，你可能會發現，如果沒有滋養自己，也不可能滋養別人；你批評自己不夠好，也不可能真正愛別人。卡拉參加課程時，體會了這個道理：

「我首先把自己安定下來，」卡拉說，「一會兒過後，我開始觀想那幾句話：『願我脫離痛苦……』。一陣子過後，我注意到心裡浮現出一種受不了的感覺，覺得被一片忙碌的生活壓得喘不過氣來。我回到禪修上，但這種感覺一直冒出來，於是我與它同在，看能否友善對待這種忙碌感。」

卡拉察覺到什麼？事後，她進一步反思禪坐經驗：「雖然我知道生活非常忙碌，但從來沒有把忙碌當成確實在傷害我的事情，也就是我確實因為忙碌而痛苦。這提醒我曾經聽過的另一句話：『願我不受到內在及外在的傷害。』這時我心想，沒錯，這就是重點。我一直以為讓我忙碌的是外在世界：我的工作、家庭等整個加在一起。但禪坐時聽到的是：啊，沒錯，但我也有責任——我在傷害自己。我以為我需要忙碌，這是我的舊習，而在練習「祝福自己健康快樂」時，這個舊習就出現了。我當時心想：嗯……不知道等一下會有什麼體悟？」

卡拉確實覺得自己一直在追著生活跑，但是在練習慈心禪時，她不只深刻體會到忙碌生活所帶來的痛苦，還觀察到她自己是這忙碌生活的推手。有趣的是，她維持正念，而沒有出現自我苛責，只是默默了知事物的原本面貌。後來，她寫下五個思考問題：

- 我如何幫自己充電？
- 我如何在忙亂中放慢腳步？
- 我如何退後一步？
- 我如何做出抉擇？
- 我如何善待自己？

逐漸地，卡拉發現友誼就是內心發出的平靜聲音。我們太容易被恐懼和內疚的宏亮聲音給淹沒。卡拉發現，對於失敗的恐懼試著「保護」她，不讓她受到愛的傷害。恐懼告訴她，心腸軟會吃虧，不隨時保持警覺就會被周圍的人剝削、出賣，以及被徹底利用和濫用。恐懼說服她要怨恨世界，不斷提醒她「妳是不可缺少的，因此要不計任何代價繼續往前」，以及「沒有人像妳那麼了解這個情況」與「沒人在乎」。

卡拉前來參加正念課程之前，對於恐懼所翻攪出來的強大反應，已經開始感到慚愧。前幾週的所有練習都逐漸讓她更慈悲地看待身心，不過一直到慈心禪，卡拉才猛然覺醒，看到長久以來她是怎麼對待自己。

此外，卡拉體悟到她自己也讓痛苦變本加厲，而加重痛苦的不只是跟自己說「我一定要過著忙碌的生活」，還包括不斷跟自己重複：「以前不是這樣的。現在完全沒有喘息機會。再也回不到過去的美好日子了。」她看到，這類的念頭如何讓她與世界反目成仇，也讓她與家人、朋友和同事日漸疏離。基於憤世嫉俗和悲痛怨恨的生活是她最恐懼的，現在居然開始成真了，她內心變得非常孤寂，與任何不符合她標準的人（甚至她自己）漸行漸遠。卡拉發現，就連晚上躺在床上或出去遛狗時，她都在跟自己說這些負面的話。現在練習了禪修，終於出現新氣象：她體會到，躺在床上的時候就是躺在床上，而不是在公司——以及「現在完全沒有喘息的機會」其實是個可以放下的念頭（雖然我們很容易執著不放），儘管它很努力地假裝自己不是「可以放下的念頭」！

傑西同意：「沒錯，你會因為生氣、自私或憤世嫉俗而自責。此外，社會還把另一層罪惡感強加在你身上。這種內疚感無所不在，而且力量強大無比。」

傑西所經驗到的是從小到大不斷受到眾人告誡的感覺。「這些教誨來自基督教信仰、國家、學校及上司。他們總是說我不好（一位老師甚至說我是「瑕疵品」），雖然每個人都知道達到完美是不可能的，但他們都要大家更努力奮鬥，教導我們工作不夠努力就要感到內疚。」

卡拉也意識到這些壓力，表示：「生小孩之後，要是沒有好好照顧他們，同時又想兼顧事業，也會被人嫌東嫌西。」

透過慈心禪的練習，卡拉和傑西都發現，從來沒有人教導他們善待自己。他們人生幾乎每一面向都深受法則規定的約束，嚴重到連呼吸都像是一種顛覆與反叛。

對他們而言，克服這些恐懼與內疚的方法是退後一步，聆聽內心發出的寧靜聲音。他們正在體會幾千年來無數行者已經發現的道理：如果想找到真正的平靜，就必須聆聽慈悲的寧靜聲音，忽略恐懼、罪惡和羞恥的咆哮怒吼。禪修雖然有助於我們做到這點，但如果不讓禪修浸淫在慈悲的氛圍裡，得到緩解就很可能是暫時的，而不是超越每日生活中起起伏伏的真正寧靜。最後，我們雖然降低了噪音，但是對於更好、更健全的生活之道還是充耳不聞。許多研究已證實了仁慈能改變事情：心的「反感」通路遭到關閉，「趨向」通路則是打開。這種態度上的改變促進開放的心胸，提升創意及快樂，同時化解導致疲憊及長期不滿的恐懼、內疚、焦慮及壓力。

蕾貝卡有類似的經驗：「幾個月前，我開始接受心理諮商師的訓練。其實幾年前還沒生小孩時，我就做了一陣子的諮商工作。現在練習禪修時，我想起一位情況不佳的個案——他當時需要住院治療，雖然沒有人認為是我的錯，但我怪自己沒有幫上忙。這件事翻起了我所有舊時的恐懼，認為要是事情出錯就是我的責任。

「我靜坐時，感到非常脆弱，但也對自己生起同理心和慈悲心，這是前所未有的感覺。我之前對於自身脆弱的反應是硬撐起來，好像再度受訓會讓我比較不會受到傷害。禪修提醒我，如果不再脆弱、不再受傷害，就無法當個我認為最能幫助求助者的諮商師。」

禪修練習中的慈悲

仁慈因同理心而起，那是對他人苦難感同身受的深入了解。腦部研究顯示，我們對他人生起真誠的同理心時，腦部活化的部位跟練習正念禪所活化的部位同樣都是腦島（見62頁）。

雖然我們常說對他人要有同理心，但同樣重要的是開放心胸，讓自己接受同理心的滋潤。我們對自己的念頭和感受往往不怎麼同情，經常把它們嗤之為軟弱的表現而壓在心底。或者我們會讓自己放縱一下而沉溺於情緒中（大多時候伴隨著「哼，我這麼做是理所當然」的心態），例如大吃大喝（因為覺得犒賞自己是應該的）。但是這麼想像或許有幫助：我們心裡最深處的念頭感受也許不想沉溺放縱（或嗤之以鼻），而只想被聽到和了解，只希望得到我們的同情。我們對待嚎啕大哭、怎麼安慰也沒用的嬰兒的方式，可以應用在對待這些念頭感受上。有時候，在用盡一切方法都無效之後，唯一能做的就是把嬰兒抱在懷裡，給他溫暖和慈愛——就是抱著他而已。我們只需要在那裡，其他什麼也不用做。

慈心禪的第一步是對自己而不是對他人培養慈悲，有些人或許覺得這樣有點自私，但這是誤解該練習的長遠目標。你花點時間跟自己培養友情，就會逐漸化解內在恐懼及內疚的負面力量，降低對自身念頭感受的執著，進而開啟了利益眾生的快樂、慈悲和創意泉源。我們可以把慈愛看做一池清水，水源來自一小條泉水。為了不讓池子乾涸，每逢有人經過那裡，你就定量供應幾滴水。或者，你可以幫小泉周圍的石塊清除，確保水池的水源會源源不絕，為所有人提供豐沛的水資源。禪修就是在幫泉水清除障礙。

慈心禪能夠成為日常生活的一部分，這點與之前學過的所有禪修方式一樣。看能否盡量讓生活中充滿對他人的同理心，做到這點可能不容易。

許多人看似打從骨子裡自私、嚴酷、無情，但這往往只是反映出他們非常忙碌，以及沒察覺到他們對他人的影響。要是你仁慈和善地對待這種人，很快會發現他們或多或少就跟大家一樣：跌跌撞撞地度過人生，試著尋找快樂和意義。看能否感受到他們的困境。

雖然剛開始練習慈心禪時可能會覺得有點困難，但請記得它已經在發揮效用。腦造影研究顯示，禪修的頭幾分鐘內，腦部主導慈善及同理等「趨向」特質的部分就開始運作了。[12]

把呼吸空檔延伸到負面念頭

第八章提到呼吸空檔練完之後，接著有四個選擇。第一是繼續從事之前所做的事情，但是帶著更清明的覺照。第二是有意識地「沉入」身體，幫助你更能靈活處理困難。這週我們將探索第三種可能性：以不同方式來對待念頭。本章一開始，我們解釋念頭如何透過大聲宣揚自己的爛建議，而讓你陷入其中，它們的建議往往根據過於籠統的記憶，因此回想過去事件時，你得到的往往是帶著偏見的摘要。現在，你練習完呼吸空檔，花點時間觀照念頭與感受。看能否以不同方式看待念頭[13]。你可以：

- 把念頭寫下來
- 觀看念頭來來去去
- 把念頭視為念頭，而非客觀的現實情況
- 幫念頭模式命名，例如「不健康的念頭」、「擔憂的念頭」、「焦慮的念頭」，或簡單標示「想、想」。
- 自問是否過度疲勞、馬上蓋棺論定、過於籠統、誇大事情的重要性，或不合理地期待完美。

舊習破除活動

以下的舊習破除活動任選其一，這週至少進行一次。喜歡的話，也可以兩個都練習。

重拾生命[14]

回想這輩子比較悠閒的時候，當時某件悲劇還沒發生，工作量也還沒有增加到主控你每日生活的地步。盡可能仔細回想當時經常從事的一些活動，可能是獨自進行的活動（閱讀最喜愛的雜誌、聆聽最喜歡的音樂、出去散步或騎腳踏車），也可能是與家人朋友一起進行的活動（小至玩紙板遊戲，大至去劇院看戲）。

選擇一種這樣的活動，計畫在這週進行。活動可能為時五分鐘或五小時，可能重要或微不足道，可能呼朋引伴或獨自進行，重點是，這件事能夠讓你回味早已遺忘的日子——之前你一直告訴自己，這一部分的你已經遺失，再也找不到了。不要等到想做這件事時才去做；不管如何都去進行，然後看看會發生什麼事。重拾生活的時間來臨了。

幫助他人

何不臨時起意做點善事？不見得是大事。你可以幫同事整理書桌，幫鄰居提一下買來的東西，或者幫你的先生或太太做一件他討厭處理的事情。要是你看完一份報紙或一本好書，何不把它留在公車座椅上？[15] 何不清除幾樣堆在家裡但不再需要的物品？與其丟掉或回收，何不利用「自由循環愛物網」（The Freecycle Network）來處理？（這種化垃圾為珍寶的活動在國際間推動，讓你可以清除家裡的舊物品，贈送給需要且願意收藏的人。舊的電腦連接線、用了半袋的灰泥等小物品，甚至運作完全正常的電視機或DVD播放機，都可以透過這個網絡物盡其用。詳細資訊請點選www.freecycle.org或讀者在地的回收機構。）

還有其他許多方式可以幫助他人。想想看你的朋友、家人及同事，你如何讓他們的生活過得更好一點？也許某位同事為了處理一件工作而承受極大的壓力，你可以一早就在他辦公桌上放個小禮物讓他開心，例如一束花，就能改變他的一整天。你不用每次都告知是你送的——可以帶著溫暖與了解的心，純粹為了做善事而做。如果附近住著一位獨居老人，何不給他你的電話以防緊急事故？不需跟其他任何人說這件事。這是純粹為了給予而給予，並且讓這個舉動充滿溫暖與同理心。要是今天看到某人需要幫忙，何不助他一臂之力？同樣的，你不必等到有心情再來做——把這個舉動當成禪修，是學習和探索自身反應和回應的契機。看這件事如何影響身體，留意你的感受。

愛因斯坦的天賦與智慧

本章的主旨是對自己和他人培養和善慈愛的心。就連在閱讀這個章節時，你都可能注意到，自己對這些想法的抗拒。你可能會覺察到，心在背後嘀嘀咕咕，表示要是不再奮力前進，或者變得更慈悲包容，就會失去自己的「優勢」，變得過於柔弱而不利於己。

愛因斯坦及歷來無數的科學家與哲學家，總是強調日常生活中和善、慈悲及好奇的重要性。愛因斯坦知道這些特質本自良善，也知道它們帶來更清明的思維，以及更好、更有生產力的生活及工作方式。他沒有掉入陷阱，以為嚴以律己、苛以待人會帶來成功。愛因斯坦知道，一般人會有這樣的見解，是因為他們往往把成功錯誤地歸因於腦袋裡逼人前進的嚴厲聲音，而不是更安靜、更明理的內心之聲。他寫道：

> 人類是我們稱為宇宙這個整體的一部分，是受到時空限制的部分。人類經驗到自己、自己的念頭及感受是有別於外界的，這是意識上的一種光學錯覺。這種錯覺是我們的監獄，把我們侷限在自身的慾望裡，以及禁錮於我們對周遭最親近的一些人的情愛。我們的任務必須是擴大慈悲的範圍，擁抱所有生物以及整個美麗的大自然，才能夠逃出這座監獄。沒有人能完全達到這個境界，但努力達到這個成就本身就是解脫的一部分，是內心安全感的基石。[16]

11 第七週：你多久沒跳舞了？

現在是晚上十一點半，梅莉莎正努力練習呼吸空檔禪修。今天，她尤其需要一個喘息的時段。她急於靜下來，才能夠好好睡一覺，但幾乎才一坐下來，就被隔壁房間手機接到簡訊的惱人震動聲干擾。她知道是誰傳來的：她工作單位的主管；而且她也猜得出內容：「梅莉莎，部門預算的年終報表再次確認了嗎？——蘭妮。」

梅莉莎的主管馬不停蹄地工作，也覺得其他人不該休息。梅莉莎不知道要怎麼應付蘭妮才好，現在她真的無法把生活與工作分開了。主管每天工作十二小時，每每在夜深人靜時以簡訊和電郵轟炸員工。有些人除了工作之外，還有私生活的，而梅莉莎的主管擁有的是「智慧型手機」。蘭妮簡直是活生生的管理教科書，開口閉口都是專門術語，「整合策略」啦，還有什麼「跳脫窠臼」啦，但總是光說不練，對待屬下尤其如此。在同事眼中，蘭妮脾氣暴躁、強悍好鬥、做事衝動。重點是，她變得沒有效率、丟三落四，缺乏創意。她的私生活也是一團糟：第二任丈夫最近離開她，她十七歲的女兒「前途堪憂」，因為把心思投注於藝術及戲劇，而不是經濟及商業學。女兒不想在倫敦都會區從事賺錢的行業，不想過著充滿名牌衣飾和昂貴美酒的生活，這點著實讓蘭妮大為震驚。要怪蘭妮很容易，但她當然也是受害者，無法踏出擠滿工作行程的職涯生活，以及逐漸瓦解的私生活。

事實上，梅莉莎之前也過著跟蘭妮的生活差不多的日子，經歷許多同樣的問題，直到兩年前練習了正念禪才出現轉變。她承受多年的不快樂、壓力和疲憊之後，開始學習放鬆，重新過正常生活。正念雖然大幅改善生活，但壓力大的情況還是有的，通常是在必須應付蘭妮無度需索的時候。話雖如此，至少她現在知道如何更善巧地處理。

梅莉莎回到呼吸空檔禪修的練習上，察覺到肩頸部位緊繃，太陽穴跳動，呼吸短淺急促。這些都是壓力大的徵兆，要是一不小心，很快就會把自己的力氣耗盡，甚至很可能陷入憂鬱。前幾週過得非常辛苦，但她下定決心不掉入「疲憊漏斗」的深淵裡。

如同梅莉莎在正念課程中學到的，生命中的許多問題（例如不快樂、焦慮和壓力）都可用疲憊漏斗做為譬喻，我們順著漏斗往下滑，使得生命和精力逐漸耗盡（見下圖）。

疲憊漏斗

我們的同仁阿絲柏格（Marie Åsberg）教授是瑞典斯德哥爾摩「卡羅琳學院」（Karolinska Institute）研究疲憊的專家。她利用疲憊漏斗來描述這種情況如何發生在每個人身上。

頂端的圓圈代表生活圓滿平衡的情況，可是愈來愈

疲憊漏斗

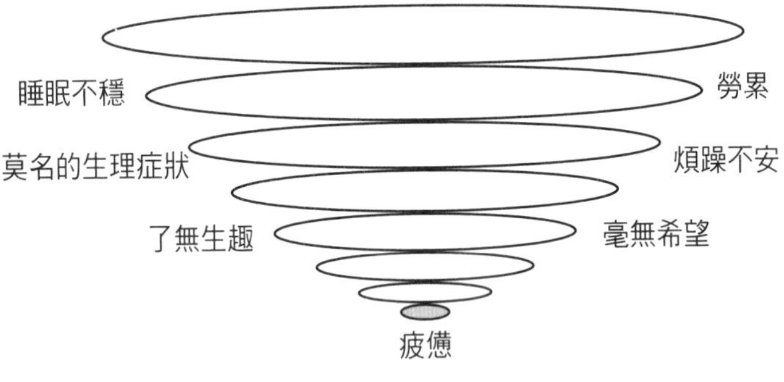

阿絲柏格授權翻印

忙碌時，許多人會放棄一些事情，把火力集中在看似「重要」的事情上。圓圈逐漸縮小，顯示生活也逐漸萎縮，但如果壓力還在，我們會放棄更多，而且愈來愈多，於是圓圈又更進一步縮小。

請注意，我們最先放棄的事情，往往是最能滋養心靈的活動，只不過看似「可有可無」。結果生活逐漸被工作占滿，或者只剩下耗盡內在資源的壓力源，使得帶來滋潤的事物半點不剩，導致身心俱疲。

阿絲柏格教授表示，繼續往下掉到最底部的，可能是最為正直努力的人，其自信程度密切依賴工作表現，他們通常被視為最佳員工，而非散漫的懶惰鬼。該圖也顯示「症狀」逐漸累積的順序，這是認定社交生活無關緊要的梅莉莎所經驗的——漏斗愈來愈窄，她也愈來愈疲憊。

你窄化生活圈，希望集中火力解決最迫切的問題，這時漏斗就產生了。你順著漏斗一圈圈往下掉的同時，生活中有趣的事物會一件件的消失（因為你逐漸把這些活動視為可有可無），好把空間挪給更多的「重要」事情，比如工作。你滑到更下面時，就會放棄更多滋養生命的事情，讓你愈來愈疲憊無力、優柔寡斷及怏怏不樂。最後你癱在漏斗底部，那是之前的你所殘留的影子。

陷入疲憊漏斗太容易了。如果工作過度，或是事情過多，暫時精簡生活好挪出時間，是再自然不過的舉動。然而，這通常表示我們會放棄一樣嗜好或部分社交生活，以便專注於工作。就梅莉莎而言，這表示放棄每週的合唱團練習。但是，她沒有想到合唱團練習帶給她靈魂多麼豐富的滋潤。這一週一次的練習曾經是她生命的重心，但她後來卻認為社交生活可有可無，甚至多餘。在梅莉莎心裡，如果出現更「重要」的事情，社交生活是可以暫緩的。暫停社交生活雖然是暫時的狀態，而且能夠釋出更多工作時間，但很快帶來反效果。少了每週合唱練習的調劑，她愈來愈沒有活力，創意和效率也逐漸降低，最後完成的事情更少，所花的時間更多。

她為了挪出更多時間工作，也放棄了每月一次的讀書會，主要因為她本來平常能夠一口氣看完的小說，現在再也沒有多餘的時間閱讀了。這項決定也很快造成反效果，因為她在工作上還是愈來愈沒效率。幾個月之後，工作壓力再次逼迫她把更多的私生活暫停。這次，梅莉莎為了每天多出一、兩個小時工作，幫九歲的女兒報名課後的社團活動。但是這也帶來意想不到的缺點：不久之後，她開始內疚自己看到女兒的時間愈來愈少。這種內疚經常侵蝕她的睡眠，使得工作愈來愈沒效率。

蘭妮想出一個解決之道：手提電腦。這讓梅莉莎能夠在女兒觀賞最喜愛的電視節目時在旁邊工作。不出所料，這也表示梅莉莎工作到更晚，在這段加班時間裡，她分析報表，隨時收發電子郵件，好讓主管看到她的努力。不用說也知道，隔陣子她又得放棄某件事，而這次輪到飲食。

梅莉莎和女兒艾拉有時候喜歡叫外送食物，但很快的，外送食物變成每天的晚餐，她們對於這種油膩重、營養價值低的食物也很快感到厭煩。但是梅莉莎和女兒省下烹飪時間，同時損失的不只是健康食物，也失去大家經常忽略的親子互動：談話。女兒日漸長大，原本在廚房裡做菜時，能夠與她長時間地閒話家常，現在只剩下電視節目進廣告的時候，隨便聊幾句跟連續劇人物有關的八卦。逐漸的，梅莉莎放棄了所有她喜愛且能滋養自己的事物，只為了從事她愈來愈討厭的事情：工作。梅莉莎以前熱愛工作，但現在她不只討厭工作，工作還成了讓她失去生命力的牢籠，讓她變得疲憊不堪，也愈來愈不快樂。

不過她的主管又提出了一個法子：買一支「智慧型手機」。現在，只要她願意，就算躺在床上工作也行。起先，一天二十四小時都能夠隨時收發高效率的電子郵件及簡訊，令她相當振奮。（蘭妮曾經跟梅莉莎透露，她在度蜜月時，用智慧型手機把工作報告完成並寄發出去，從此之後，她的第二次婚姻就開始走下坡——我們就先別討論這點。）梅莉莎精神為之一振、覺得自己神通廣大，這種新鮮感持續了幾週。接著，她很快發現上頭那些主管都在比賽看誰工作得比較晚。看得出來，在深夜互通電郵，讓她同事及主管覺得自己是重要人物。梅莉莎有智慧多了，但還是不確定如何逃脫這個之前被引誘進來的陷阱。

最後讓梅莉莎鬆脫束縛的，是她所任職醫院的職能治療師。該治療師開設正念課程作為臨床試驗，看看禪修能否幫助平常心智健康的人降低工作壓力，變得更快樂且更放鬆。梅莉莎參與課程之後，她（以及治療師）才看清楚自己心理上原來是多麼不健康。在課程前的訪談裡，她勾選一張清單，上頭列著壓力、憂鬱和心理疲勞的常見症狀。結果梅莉莎勾選了大部分的項目，包括：

- 脾氣愈來愈暴躁或容易焦躁不安
- 社交生活萎縮，或純粹「不想見人」
- 不想處理日常瑣事，例如開信箱、付帳單，或回電話
- 變得容易疲勞
- 放棄運動
- 事情延期或遠遠超過期限
- 睡眠模式改變（睡太多或太少）
- 飲食習慣改變[1]。

以上有沒有哪一項符合你的情況？

表面上，梅莉莎維持了忙碌、有效率的好員工形象，但內心深處，她

在過勞之下逐漸崩潰。起先，她不願意相信自己有問題，覺得好好睡幾個覺就好了。她所學到的禪修方法當然有助於睡眠，但是隨著禪修的其他好處開始累積，她才覺察到自己幾乎精神崩潰。她的生命差點全部流到疲憊漏斗的最底部。

只有工作沒有玩樂？

梅莉莎掉入疲憊漏斗的經驗顯示，有些活動不只帶來放鬆或樂趣，還會在更深的層次滋養心靈，幫助我們重建韌性，面對人生的壓力及緊繃，同時對生命更美麗的微妙之處更為敏銳。另一些活動則使人枯竭、能量耗盡，人生本來就有高低起伏，但是這些活動讓我們碰到低潮時變得更加脆弱、不堪一擊，也讓我們愈來愈無法全然享受生命。很快的，這些消耗內在資源的活動開始壟斷生活。要是我們承受壓力，滋養精神的活動就會不知不覺地逐漸被擺到一邊，使我們掉入疲憊漏斗的中心。

請做以下的小測試，看看你把多少生命投注於滋養性活動，又有多少撥給消耗性活動。首先，回想平常一天裡做了哪些不同的活動；可以稍微閉上眼睛幫助回憶。如果一整天幾乎做同樣的事情，請把活動分解成小單位，例如與同事說話、沖泡咖啡、將文件歸檔、處理文字和享用午餐。平日晚上或週末，你通常會做什麼？[1]

現在，把這些事情全部寫下來，在以下左欄寫下十至十五項平日活動。

清單列好後，自問以下問題：

1 在你所寫下的事情裡，哪些是帶來滋潤的？什麼活動讓你心情一振、恢復活力、感到平靜、心神集中？什麼活動加強你確實活在當下的感覺，而不只是行屍走肉般地存在？這些是滋養性活動。

2 在你所寫下的事情裡，哪

平日活動	N（滋養）／D（消耗）

些是消耗元氣的？什麼事情讓你心情低落、身心無力、感到緊張、失魂落魄？什麼活動降低你確實活在當下的感覺，讓你覺得自己只是行屍走肉般地存在，或者更糟？這些是消耗性活動。

現在，根據左欄的活動，在右欄寫下代表「滋養」的「N」（nourishing），或代表「消耗」的「D」（depleting）。如果一項活動為兩者皆是，請寫下你的第一反應，或者真的無法選擇的話，寫下N／D或D／N。你也許想寫「看情況」，這時，可以留意這些情況是什麼。

這個活動的目的不是要讓你震驚或不安，而是提醒你生活中滋養性活動和消耗性活動需要保持平衡。這不必是完美的平衡，因為你喜愛的一項滋養性活動，也許能夠輕易抵銷許多消耗性活動。儘管如此，保有至少幾項滋養性活動是明智之舉（最好是每天從事至少一樣），才能夠平衡消耗性活動。滋養性活動可以很簡單，例如好好泡個熱水澡、讀一本書、出去快走，或者沉溺於最喜歡的嗜好。「只工作，不玩耍，聰明小孩也變傻。」這句老諺語是有道理的，其他許多社會也有類似的訓誡。在一些文化裡，醫生問的不是：「你什麼時候開始覺得憂鬱？」而是：「你什麼時候不再跳舞了？」

再次學習跳舞

了解生命中有多少時光放在消耗性活動上是一回事，但採取行動是另一回事，而且同樣重要：你可以減少從事消耗性活動的時間，或是把更多精力放在帶來滋潤的休閒活動上。正念課程第七週的重頭戲是採取行動，讓滋養性活動和消耗性活動的比重恢復平衡。

第一步：重新平衡日常生活

花幾分鐘，思考如何開始讓前面表列的滋養性和消耗性活動恢復平衡。也許可以跟共享生命的人一起進行，例如家人或信任的同事。

生活中有些面向本來就是目前無法改變的。舉例而言，如果工作是你的困難來源，你大概也沒有本錢辭職不幹（就算你覺得這是最合適的解決之道）。如果無法徹底改變一個情況，有以下兩個選擇。一、盡可能試著增加滋養性活動的時間，溫和地投入更多精力，同時減少投注於消耗性活動的時間與精神。二、用不同方式面對消耗性活動，就算覺得無聊或不愉快，也可以練習全然處在其中。可以盡量正念分明地從事該活動，而不是進行價值判斷或希望它趕快結束。處在當下的時候愈多，並且在這些時候正念判斷你真正想要及需要什麼，就愈能夠接納生活裡的高低起伏，也會發現意想不到的快樂及滿足之道。

以貝絲為例。她是某大銀行後台部門的職員，總是忙得不可開交，連放鬆的時間都撥不太出來，禪修就更不用說了。她在家練習幾週的禪修之後，開始更加留意白天的忙碌狀況，發現就連在最忙亂的時候，還是有小小的空隙釋放出來。比如她發現自己花許多時間用電話或電郵聯絡銀行的其他部門，追蹤不齊全的文件資料。電話打了幾次，電郵也發了幾次，還是常常得不到回音。等待對方回應是她工作裡最煩人的一部分，她經常沒好氣地嘀咕：「他們為什麼不像我一樣，安分待在座位上把工作處理完畢！」

後來她靈光乍現：這是她可以利用的時間，是她可以用來安定身心、與自己重新連結的寧靜片刻。她開始利用這些零碎空檔練習迷你型的呼吸空檔，而能夠在心理上稍微遠離喧囂。過了一陣子，她開始注意到還有其他許多零碎時間可以從混亂當中退後一步，例如每天早上等待電腦開機時、等待冷飲機流出飲料時、走去開會時，或是中午排隊買三明治時。在這之前，她以為正念禪最好是在午休時間或偷溜出去喝咖啡時練習。現在，她發現一整天都有零碎的空閒時段，可以用來轉化念頭、感受和行為。她不見得要大幅增加滋養性活動的時間，或是減少消耗性活動的時間，而只是改變她與那些不可避免的消耗性活動的關係。她已發現，就連在最忙碌的日子，看似無法穿透的工作厚牆上還是有「裂縫」。

貝絲用自己的方式找到如何「轉而面對」經驗，而不是逃離或避開。這也是你一直在學習的正念：與日常生活的困境同在，觀照你對困境所抱持的信念或期待，以及更靠近這些困境。你前六週學習專注於身體感覺、感受和念頭，就是在學習這個部分。

現在輪到你幫自己畫張地圖，看要怎麼轉變滋養性及消耗性活動之間的平衡。可以的話，請在下一頁的表格裡寫下五個改變比重的計畫。要是沒辦法立刻想到五個也別擔心，晚一點想到時再寫上去。把焦點放在生活中的小事情，這是練習的重點。比方說，不要寫下「放棄工作」或「開始爬山」這種事，而是選擇你可以輕易做到的事情，比方說「每兩個小時就休息一下喝杯茶」、「陪孩子走路上學，而不是開車」，或「每週少吃一次外帶食物，自己煮一餐」。你也可以試著把消耗性活動分解成小單位，比方說清理一個櫥櫃或整理書桌的一角，為時五分鐘，而不是一直清理到完美為止。或者你決定用另一種方式來完成工作，提早十五分鐘把電腦關掉，給自己時間思考明天的討論議程，而不是回電郵到最後一分鐘，才赫然發現原本下班後打算進行的活動要遲到了。你會發現，有時候只要撥出充裕的時間，就能夠更有效率的處理消耗性活動。請試著在消耗性活動之前和之後都稍微喘口氣，好讓它在你生活中有自己的空間。一件事是帶來滋潤還是造成消耗，因人而異，因此專注於自己生活中的事情即可，不需與他人比較。

最重要的是：進行滋養性和消耗性這兩種活動時，請儘量保持正念，尤其在你有意識地改變兩者的比重時，更要正念分明。這樣你會察覺到，就連最微小（看似微不足道）的改變，都能如何轉化思緒和感受，接著又進而如何影響身體。

你可以經常（也許每週）回顧並修改以上表格，覺得心情愈來愈低落時，當然更

我將透過以下方式，改變滋養性及消耗性活動之間的平衡：

適合調整。記得，你不用大幅改變移動方向：踮著腳輕輕挪步就很好了。

要改變生活中滋養性及消耗性活動之間的平衡，許多人會找許多方式避免或延後，通常理由聽起來冠冕堂皇，而且是為他人著想。例如有人會說：「我已經盡量兼顧母職和妻職，平常要上班，還要處理家務，哪裡找來的時間給自己啊？」其他人會指著公司或家裡的大型計畫表示：「現在不行，還不行，改天好了，等這件事整個結束再說。」

表面上，這種態度似乎有理，但請以長遠的角度來看。如果不重新平衡生活，有朝一日不管做什麼，效率都會大打折扣，變得沒有快樂、睡眠不穩、腦袋遲鈍。不願意重新平衡生活，其他常見的理由如下：[1]

- 生命中有些事情是我無法選擇的，例如去工作。
- 如果我不加緊腳步，就會遠遠落後。
- 工作上如果顯示自身弱點是很丟臉的。
- 從小就沒有人教我要把時間留給自己。
- 我對他人或工作盡到所有責任，而且達到我滿意的程度，才有辦法做自己喜歡做的事情。
- 我有太多照顧他人的責任。把自己放在第一順位是不對的。

如果以上任何一個理由（以及無數其他類似的理由）讓你看了心有戚戚焉，那麼你現在也許有機會看到：有多少理由是根據舊時非黑即白、沒有中間地帶的思維習慣。正念幫助你超越兩個極端，看看你如何能夠找到許多滋養自己的創意方法，這方法也許細微，也許明顯。就像貝絲一樣，你可能開始找到白天當中的空隙。長期來看，找到滋養性及消耗性活動之間的平衡點，對所有人（包括你自己）都是最有益的。

看清楚滋養性及消耗性活動是否達到平衡很重要，但這些活動也有較深的潛在訊息。首先，它們幫助你探索行動和心情之間的關連。大家內心深處都覺得，感到不愉快、壓力大或疲憊時，自己是無能為力的，好像那是個無法改變的癥結。要是你壓力大而覺得束手無策，就會覺得無助——「我就是壓力大啊，還能怎樣！？」。同理，如果你覺得身心疲憊，缺乏精力或失去活力，會覺得「事情本來就這麼糟」，「我沒辦法改變現狀」。

花時間思考如何重新平衡日常生活，有助於你把這些念頭視為念頭，看透它只不過是影響你一面倒、防止你測試該念頭是反應現實或純屬想像的「宣傳活動」。

此外，如果你更容易察覺到滋養性和消耗性活動之間的失衡，這就是心情愈來愈壞的初期警訊，也是回到平衡及快樂生活的路線圖。如果知道哪些活動帶來滋潤，只要開始感到不開心、壓力過大或過於疲憊時，就可以從事更多這些活動。要是發覺心情愈來愈低落，你也會有好幾樣活動可以選擇。這份路線圖有朝一日可能會非常重要，因為長期性的不快樂、壓力和疲憊會侵蝕你做決定的能力。如果你對於這種可能的結果預做準備，心情的低落反而能成為達到更大快樂的跳板，而不是陷入低潮的踏腳石。活在亂世裡，消耗性的負面思維是不可避免的部分，但這不代表你必須盲目跟從或過於執著。

第七週的練習

在接下來這一週，建議你在七天之中選六天練習三種禪修。這週不像前六週那麼多引導，建議你在正式禪修部分，自行選出兩種曾經做過的禪修練習來搭配。

第一個禪修，請選擇帶給你一些充分滋潤利益的，例如幫助你放鬆，或純粹讓你覺得世界美好。另一個禪修，請選擇你當初練習時還無法完全掌握的，可能是因為某方面很困難，或覺得重複練習對自己有好處。這兩種禪修加起來，為時應是二十至三十分鐘。

跟以前一樣，這兩種禪修可以接續練習，同時聆聽錄音檔的適當引導，或者在一天當中的不同時段練習。兩種禪修的先後次序不重要，不過請在CD或MP3播放器上建立這兩首禪修引導的播放清單，這會相當好用。請記得重點是禪修的精神，而不是細節。

請在這裡寫下打算練習的兩種禪修（可以花點時間斟酌）：

1

2

3 三分鐘呼吸空檔禪修（固定時間一天兩次，以及隨時需要的時候）。

第二步：呼吸空檔，再加上進一步的行動

本章的第一主題是更為覺察消耗性及滋養性活動之間的平衡，幫助你把這樣的平衡發揮最大效益。第二主題是第一主題的延伸，也就是三分鐘呼吸空檔搭配具體行動，使你的感受得到立即且有意義的變化。你的覺察力逐漸擴大，而呼吸空檔不只有助於你與之重新連結，也是幫助你靈活應對的有力跳板。

我們固定以有色鏡片看世界，而透過正念練習，你愈來愈清楚自己戴的是有色眼鏡，因而能夠更清晰地檢視現實世界。了解了這個道理，接著透過禪修而把自己「穩定」之後，就比較能夠採取聰明行動。因此本週

跟以往一樣，感到壓力時，首先練習呼吸空檔，然後考慮可以採取什麼行動。這個行動不必具有生產力（不管從生意或個人的角度來看都不必），而是你覺得正確適當的。這個行動不應該基於衝動或習慣，而是能夠主動提升生命。

如同之前所了解的，最佳行動方針往往是保持正念，讓情況自然化解。然而在這週，我們特別希望你採取某個明確的行動，就把它當成「行為實驗」好了。我們用「行為」一詞，是要提醒你，不用等到有心情才去做——只要做就對了！這是因為研究發現，心情低落時，動機的引發過程是倒過來的。在日常生活中，我們通常是有動力去做某事才去行動。但是心情低落時，我們要在動機出現之前採取行動。先有行動才有動機，而不是先有動機才有行動。你可能有過這種經驗：差點決定不跟朋友出去玩，覺得「太累了，一定無法享受那段時光」，結果卻驚訝地發現玩得非常開心。有趣的是，這種情況雖然發生多次，我們卻總是沒有記取教訓，因為下一次心情低落時，產生的內心戲（阻礙記憶擷取過去的正面時光，告訴我們現在做什麼都沒用）太有說服力，使得我們再次陷入圈套。

總而言之，你感到疲憊、不快樂、壓力大或焦慮時，等到有動力才行動，可能不是明智之舉。你要先採取行動。

心情低落時，動機隨著行動而來，
而不是相反。先有行動，動機就自然而生。

因此，這週壓力大時，在練習呼吸空檔之後，請暫停片刻，自問：

- 現在我需要為自己做什麼？
- 現在我要怎麼做才能把自己照顧到最好？

採取聰明對策，你有三種選擇：

- 做愉快的事情。
- 從事帶給你滿足感或覺得能掌握自己生命的事情。
- 或繼續正念分明地行動。

為什麼是這三種選擇？因為最能破壞生命品質的那種疲憊和壓力，尤其會影響以下這三個層面：享受生活的能力、隨時掌握情況的能力，以及保持正念的動機。以下將一一探討。

做愉快的事情。疲憊、壓力和心情低落會讓你經歷「失樂症」，也就是找不到生活的樂趣，無法真心享受生活。你過去喜歡的事情，現在都讓你「冷感」了，覺得彷彿有一層濃霧阻隔了自己和單純的樂趣，似乎沒什麼活動能夠帶來滿足快樂。研究顯示，這種情況的主因，是腦部的「獎賞中心」對於過去啟動它的事情感覺遲鈍了。因此，透過採取正念行動，你開始一點一滴喚醒這些受到忽視的通路，請挑選過去喜歡或現在可能喜歡的活動，以實驗的心態探索這些活動是否帶給你快樂。

提升掌握或控制感。焦慮、壓力、疲憊和不快樂會降低對於生活的控制感。多年的研究發現，覺得自己對於生活中的一個領域失控時，這種感覺會像病毒一樣影響到其他領域，結果陷入難以言喻的無助，對自己說：「我無能為力」或「我就是沒那個力氣」。

這種「無助病毒」發揮作用時，力量是非常強大的，連微小的事情都會受到波及，最後就連走五分鐘的路去寄封信或付帳單都懶。這種病毒潛伏在那裡，每天譴責你，提醒你還沒有去處理面對。逐漸的，事情積少成多，生活最貼近你的部分，你似乎都失去控制了。因此，你一步一步地選擇做得到的微小行動，一旦完成，就是在跟你的最深處溝通，讓你知道沒有原本以為的那麼無助。

提升正念。如同你在本課程的每一週所體會的，壓力和疲憊來自（並啟動）心的行動模式。行動模式在你面臨壓力時自願伸出援手，但副作用是窄化生活，並且用以下方式把生活覆蓋過去，比如鑽牛角尖、費力掙扎、壓抑「弱點」、自動導航器、瞎吃、瞎走，這其實是做什麼都沒正念。因此，在練習呼吸空檔之後，你這週有另一個選擇——正念行動及回歸感官經驗：你眼睛看到什麼、耳朵聽到什麼、鼻子聞到什麼？你摸得到什麼？你的姿勢、臉部表情是什麼樣子？如果正念覺察，當下這一刻是什麼情況？

採取明確行動。採取感覺起來最恰當的行動。以下列出一些點子，但請儘管自行發揮，覺得什麼最好就去做，不要因為做那件事是純粹為了好玩而內疚，也別指望奇蹟發生。看能否盡量照計畫進行。期待這麼做能大幅改變現況，不僅會帶來額外壓力，也不切實際。這些活動是有益的實驗（不管有沒有心情，做就對了），能夠在你面臨心情的轉變時，重建整體的愉悅感、控制感，以及正念覺察力。

1 做愉快的事情[1]

- 善待身體。好好洗個熱水澡；午睡三十分鐘或更短；[2]吃點最喜歡的食物而不感到罪惡；喝最喜歡的熱飲。

- 從事開心活動。出去散步（也許幫朋友蹓狗）；拜訪朋友；為了等一下要從事的至愛嗜好準備用品；種花除草；做運動；打電話給一陣子沒聯絡的朋友；與喜歡的人相處；烤蛋糕；購物；看電視上好玩有趣的節目；看電影；閱讀輕鬆愉快的讀物（不是耗費心神的「嚴肅」讀物）；聽許久沒聽的音樂；前面幾章提到的舊習破除活動，選一個來做。

2 從事帶給你掌握感、滿足感、成就感或控制感的事

清單上還可以加什麼項目？

平日活動	N（滋養）／D（消耗）

情[3]

這些事情有時候不容易做，因為似乎是加重而非減輕疲憊。建議這種活動做少量就好，把它當成實驗來進行，尤其是覺得無助或失控時，更要抱持這種態度。試著不要預先判斷完成之後會有什麼感受。放開心胸地觀察這個活動會不會帶來任何幫助。可能是清理屋裡的一個房間；清理一個櫥櫃或抽屜；寫一封感謝函或其他「問候近況」的信；付帳單；做你一直拖延的一件事；運動。想要的話，可以把活動分解成幾個小階段，一次只解決一步。特別重要的是，

清單上還可以加什麼項目？

什麼事情帶給我掌握感、滿足感、成就感或控制感？

每當完成一個任務，或甚至只是該活動的一部分，就要恭喜自己。比如，你下定決心清理房間，只做五分鐘就好，而不是十或二十分鐘。品嘗這件事帶來的滿足感、成就感與控制感。

3 正念分明地行動[3]

不管做什麼，正念就在呼吸之間。方法很簡單：全神貫注於目前已經在做的事情。也就是說，看能否把心帶到每個當下，比如：「現在我在排隊……可以感覺到手上提著的購物籃……現在我正往前移動……現在把手伸入包包裡……」。做其他事情時，察覺到呼吸；站立及走動時，察覺腳部接觸地板的感覺。其他人不用知道你在做正念練習，但這練習能夠改變你一整天。

道理是這樣的：作為的小小改變（不管你想不想這麼做），往往會徹底轉變你的感覺。只要往前挪動幾小步，就可能恢復活力、減輕壓力，或精神為之一振。舉例來說，散步一會兒能夠解除疲勞，一杯茶能讓你打起精神，或是翻閱最喜歡的雜誌十分鐘能夠降低壓力。採取正念行動，幫助你發現哪些活動最能在危機時刻舒緩慌亂與緊張。這些事情可能只對你有用，而且往往看似微不足道，幾乎像是踮腳往前挪幾寸，造成不了大差別。然而，這些小動作搭配呼吸空檔禪修，就能產生力量深遠且非常重要的轉變。如人飲水，冷暖自知；這個道理你可能已經聽過千百次，也看了所有的科學證據，但除非你確實體會，這些知識都沒什麼力量。以下是第七週的核心訊息：

一個小動作就能夠從根本上正面轉變你與世界的關係。

正念鈴聲

選擇幾樣日常生活中可以轉化為「正念鈴聲」的普通活動，提醒你停下腳步、予以觀照。以下是幾樣可以轉變成鈴聲的事情。何不影印本頁和下一頁，貼在冰箱上，隨時看一下，提醒自己？

- 下廚做菜。準備食物是練習正念的好機會，用到視覺、聽覺、味覺、嗅覺和觸覺。專注於刀子切菜的感覺，留意不同質地的蔬菜所帶來的感受，或是注意蔬菜被切剁時所釋放出來的氣味。
- 進食。用餐時，挪出部分時間安靜地吃，或關掉電視、收音機。確實把注意力放在食物上，注意其顏色、形狀，留意嚼食的感覺，也許思考食物是怎麼來到你手上的。看看自己是多麼容易注意到第一口食物的滋味，而咀嚼接下來幾口時，心就跑到其他地方去了。第四口是什麼滋味？

- 清洗。這是探索感覺的大好機會，讓你不斷回到當下，注意洗盤子的動作、水的流動、水溫所帶來的感受等等。
- 開車。開車時，覺察自己決定把心放在什麼地方。如果決定專注於即將來臨的會議等，了解這是你做的決定。如果決定把主要焦點放在實際開車以外的事情，注意到當情況要求時，你可以多麼迅速地把開車這回事帶到專注力的最前線。留意是否過度輕忽實際的開車行為！把部分時間放在開車本身的動作上，以此為主要焦點，包括所有的感覺、手的動作、腳等等，眼部的掃視、視覺從近處轉移到遠處，以此類推。
- 走路。留意走路時的真實感覺；注意心什麼時候飄走，然後回到「純粹的走路」。
- 當個模範市民！過馬路時，利用等待綠燈的時間靜靜站著，專注於呼吸，而不是迫不及待要闖紅燈。
- 紅燈。這是開車時，心平氣和、靜靜坐著的機會，覺察呼吸。
- 聆聽他人說話。聆聽時，注意自己沒有在聽的時候——你開始想到其他事情，思考等一下要說什麼來回應等等。回到實際的聆聽上。

壓力過大、過於疲憊時——梅莉莎的體悟

梅莉莎發現，有時候就算練習正念，也會突然覺得無法承受生命的高低起伏。原本一切都如意順遂，早上起來時卻突然感到渾身無力、無精打采，或是怒火中燒、悲從中來。

情緒像這樣突如其來地湧現時，會啟動依賴過去經驗的慣性思考模式。也就是說，因為她過去曾經有心情低落的時候，因此現在的疲憊觸發過去舊有且特別有害的思維習慣：充滿過於籠統的記憶、預測這種情況會永遠持續，並且一再冒出「我一無是處」的念頭。

她發現所有這些思考模式都非常黏人、揮之不去，但一陣子之後，這些念頭共有的顯著特徵讓她辨認出它們：這些念頭全都在侵蝕她採取行動滋潤自己的動機。這時，她發現這麼告訴自己很有用：「我現在雖然有這種感覺，但不代表事情就非得維持現狀不可。」

梅莉莎會自問：「我可以做什麼來關心自己，幫我度過這段低潮？」她會練習呼吸空檔，讓自己穩定下來。她覺得以第五週的練習做為開始特

別有用，也就是讓注意力沉入身體，觀照心情如何反映於身體感覺，讓注意力安住在身體上一陣子。這幫助她從更寬廣的角度看待自身情況，進而能夠覺察到舊有思維習慣的拉力，瞥見當下或稍後可以採取的行動，這樣就能夠在這段脆弱時期把自己照顧得更好。

平日生活帶來無限的機會，
讓你停下來、集中精神，
提醒自己對於當下的現象要全然覺醒、全神觀照。

12
第八週：活出不羈、無憾的人生

重點是你在乎。
重點是你有感覺。
重點是你留意。
——出自奇斯（Roger Keyes）的「北齋如是說」（Hokusai Says）

從前，有一位國王想要遷移宮址，[1]但是擔心敵人會藉這機會進攻搶劫，於是把忠實可靠的將軍召喚過來，對他說：「朋友，我得遷移王宮，而且必須在二十四小時之內完成。你長久以來都是我忠實可靠的僕人和將士，我認為只有你才能夠幫我完成這個任務。只有你知道我們這邊和另一座宮殿之間的地下祕道。要是你有辦法幫我這個忙，親自把我所有最珍貴的財物搬到那邊，我就會讓你和你家人自由：你可以卸下職務，我會給你豐厚的財富和土地，當作你多年來對我如此忠心的報酬。這樣你就能安心養老，你的妻小和後代子孫在財務上都不會有後顧之憂。」

遷移財寶的日子來臨了，將軍工作得非常賣力。他雖然上了年紀，但依然努力不懈。他知道必須在這二十四小時的期限內完成，否則就有受到敵人攻擊的危險。他馬不停蹄地工作，撐到最後剩下幾分鐘才把任務完成。他前去跟國王報告，國王龍心大悅。君無戲言，於是國王把之前承諾的財寶與土地契約贈與將軍，那些土地可是王國內最美麗肥沃的地帶。

將軍回到家裡，好好洗個澡，躺在澡盆裡時，回想他這輩子的所有成就，身心放鬆了下來：現在可以退休了，事情都處理好了，主要任務也完成了，他深深感到心滿意足。在那一刻，他有一種圓滿落幕的感覺。故事到這裡結束。

你知道那一刻是什麼樣子嗎？也許你過去順利把事情完成時，也有類似的感覺？你也體會過這種圓滿具足、大功告成的時刻。

我們汲汲營營、匆忙度日，而最可惜的是在每日生活裡，我們連一丁點「圓滿結束」的感覺也不允許出現。我們經常在趕場，使得一件事情的結束，只是在邀請下一件事情的開始。兩件事情之間沒有空隙，就連坐下來、評估現況、意識到自己剛才完成一件事情的幾秒鐘都沒有。事實上，我們會做出恰恰相反的舉動：我們有多少次聽到自己說「今天我一件事也沒完成」？而且我們最常在最忙碌的時候說這種話。有沒有另一種面對的方法？

心有時候會一直告訴我們，終點還沒達到、快樂還不夠多、夢想還沒實現，但如果練習培養「圓滿結束」的感覺，就算這種感覺只在當下這一刻微微閃現，就算只是針對生活中的小事情，也會讓我們更有能力應付喜歡潑冷水、要求完美的心。你可能會發現自己本來就是圓滿具足的。

你專注於每週練習的細節時，可能會不時忘失課程的整體目標與結構，因此以下稍微提醒你到目前為止練習了哪些方法。

初期練習的目標，是透過正式及非正式的正念練習，給予你許多機會來辨識千變萬化的行動模式，以及開始培養代替行動模式的同在模式。我們的注意力經常被當前的擔憂劫持，因此初期的禪修練習幫助你學習如何在單一件事情上維持綿綿密密的專注力，而專注的焦點是我們習以為常的事情，比如食物的滋味、身體的感覺、呼吸，或是普通視覺景象的顏色及形狀。你學習辨認心的哪些模式讓你分神，也看到心隨時隨地的評論是如何讓感官遲鈍，使得每個當下的顏色及質地都愈來愈模糊。你學習不帶價值判斷或自我批判，一再回到專注的點上。這個階段的核心主題是如何刻意且慈悲地觀照。練習只給心一件事情做，這麼單純的行為就能帶來許多覺醒機會，讓我們看到心的「行動模式」又在顯示自己的權利。

你體會到，心的行動模式不是錯誤，也不是要剷除的敵人。它只有在以下這個狀況才會帶來問題：做不到的事又自願幫忙，幫不上忙又不願意退場，因此你繼續解決問題或執行計畫，但你早就累得無法做出任何有效的進展。接著，你從事的計畫和掛心的事情開始占據全部心思，怎麼樣也揮之不去，你不知如何放下。

因此，後期訓練的重點是擴大覺察力，以便在日常生活中辨認出，忙亂生活的壓力何時開始引發你的心過度使用行動模式。你學習離開行動模式，然後進入同在模式。你學習到一些策略，在你承受不了生命的繁忙、壓力和疲憊時，這些策略能夠帶來各種選擇，幫助你以正念回應困境。這些方法所訓練的能力，是不採用行動模式來征服自心，以及對自己和他人培養慈悲。

正念練習不會強迫我們放下行動模式，而是讓我們有放下的選擇，如果選擇放下，我們也有方法可以做到。利用日常生活中的零碎時間反覆練習放下行動模式，找到這種放下的智慧之後，就有許多機會學習如何觀照，這麼一來，就連在難以處理的不安情緒生起時，你也有辦法為它們「騰出空間」，並且在適當的時機帶著慈悲與勇氣探索。

在亂世中尋找寧靜

在亂世中尋找寧靜並非易事。在最為困苦煎熬的時候，會覺得全世界存在的目的純粹是用盡千方百計找你的碴，以及把你逼到累瘋為止。壓力和焦慮可能會嚴重到讓你承受不住，重度憂鬱症似乎近在咫尺。「全世界都在跟我作對」這種態度雖然可以了解，但也讓我們劃地自限；也就是說，我們沒看到自身的麻煩大多來自於我們過活的方式。簡言之，是我們不讓自己好過。焦慮、壓力、不快樂和疲憊往往只是症狀，反映出範圍更廣、根源更深的不適。它們不是沒來由的煩惱，而是症狀，源自於我們看待他人、自己和世界的方式。它們是警訊，代表我們的生活哪裡出錯了。它們是我們必須留意的徵兆。

要是你接受這一切，那麼截然不同的生活之道就敞開了大門——這種生活方式鼓勵你，在現在每個當下確實把生命活到極致，而不是拖延到明天。我們都喜歡拖延。「週末再來補眠」、「等事情沒那麼多，我再來多跟孩子相處」或「明年夏天我再來放鬆、好好度個假」這種話，你跟自己說了多少遍？好吧，你該面對現實了：現在就是你去年、上個月、上星期答應自己的未來。現在是你真正擁有的唯一時刻。正念就是清醒並體悟這點。正念就是全然覺察到你已經擁有的生命，而不是你一心希冀的生命。

正念不是心理治療的替代療法，也不是另一種改善生命的「自救」之道。正念不是了解自身過去的技巧，目的也不是改正當下「異常」或「不正確」的思維方式。正念不是粉飾裂痕，而是找出裂痕的模式，把它視為老師。正念不是直接「治療」困境，而是呈現並帶來慈悲但又穿透力的覺察，來觀照困境背後的驅動力。正念處理的是所有生命的潛意識主題。這些主題在覺察之光的照射下，奇妙的事就發生了：負面主題慢慢地自動消失。我們無止盡的奮鬥、以管窺天的狹隘見識、鑽牛角尖、老是陷入沉思、被自動導航器帶著走、被負面吞噬，以及放棄滋潤靈魂的事物——這些都代表行動模式正在盡全力工作。當我們不再將這些現象視為必須征服的敵人時，這一切傾向就會在開放心胸的覺照之下融化消失。

這個道理，我們可以跟你說，甚至可以用科學最強有力的工具來證明給你看，但你必須真正親身體會才能夠了解。

我們不斷為自己編織虛幻的美夢，但真正需要編織的其實是降落傘，這麼一來，當生活開始變得辛苦，或生命開始四分五裂時，才可以拿來使用。正念就好比編織這種降落傘。[2]但如果我們是一頭栽入毀滅之中，臨時編織降落傘是沒有用的。降落傘要每天編織，才能夠隨時碰到危難時使用。正念課程的前七週讓你開始品嘗這個過程，但第八週跟前面同樣重要。

第八週是你餘生接下來的功課。

現在的任務是把正念練習編織成日常作息的一部分，而且長期來看是生生不息的。

編織自己的降落傘：在亂世中利用正念維持寧靜[3]

正念就像緊急降落傘，需要每天編織，碰到緊急狀況時才能夠隨時備用。以下是一些訣竅：

- 以正念做為一天的開始。睜開眼睛時，稍微暫停片刻，才刻意做五次呼吸。這是你與身體重新連結的機會。如果感到疲累、焦慮、不快樂或煩惱，把這些念頭和感受視為內心活動，在覺察的空間裡凝聚與消散。如果身體痠疼，把它視為感覺。溫和慈悲地接納所有念頭、感受和感覺。不用試著改變它們，而是開放接納，因為它們已經出現在這裡了。以這種方式脫離自動導航器之後，可以選擇掃瞄身體一、兩分鐘，或是觀呼吸，或是稍做伸展，然後才起身下床。
- 利用呼吸空檔做為白天的喘息機會。在預定的時間練習呼吸空檔，幫助你重新建立對於此時此地的專注，因此一天下來，你隨時能夠以慈悲和智慧回應念頭、感受與身體感覺。

- 維持正念練習。盡可能持續正式的禪修練習。正式的練習有助於支持呼吸空檔，幫助你盡可能在日常生活中維持正念。
- 善待感受。不管有什麼感受，盡可能以開放、和善的覺察來觀照所有感受。記得魯米所作的「客棧」那首詩（見188頁）。就連對待最痛苦的念頭，比如疲勞、恐懼、沮喪、失落、內疚或悲傷，都要展開雙臂歡迎。這樣的態度能把自動式的反應化解及轉化為一連串的明智抉擇。
- 感到疲累、消沉、焦慮、憤怒或其他強烈情緒時，練習呼吸空檔。這麼做能夠把念頭「固定下來」，化解負面情緒，重新連結自己與各種身體感覺。這麼一來，你會更有能力做出適當抉擇。比如感到疲累時，你可能會選擇做些伸展運動，重新喚醒身體、重新帶給它活力。
- 正念活動。不管做什麼，請試著儘量整天維持正念。例如，洗碗時，試著感受水、碗盤，以及手中起伏變動的感覺。在外頭時，瞧瞧四周、觀察周遭世界的景象、聲音和氣味。你可以隔著鞋子感受到腳底下的人行道嗎？你品嘗得到或聞得到空氣嗎？你感受得到空氣穿透頭髮、輕撫皮膚嗎？
- 增加運動量。走路、騎腳踏車、種花種草、上健身房——任何身體活動都有助於你編織降落傘。運動時，看能否以正念且好奇的態度觀照身體。注意生起的念頭與感受。覺得需要「咬緊牙根」時，或開始感到厭煩或其他負面念頭開始騷動時，請特別仔細觀照。溫柔地觀看感覺的變化。與強烈的感覺一起呼吸，把氣息帶入其中。和緩地提升運動的長度與強度，但永遠保持正念。

- 記得呼吸。呼吸永遠在那裡支持你，把你固定在當下這一刻。它就像好朋友，提醒你，原本的樣子就很好了。

保持實際很重要。我們每個人都需要正面的理由來繼續練習禪修，但是「正面」一詞不足以傳達全部的精神。如果你的正念課程已經進行到這個階段，你可能已經曉得自己為什麼想持續下去，儘管如此，還是值得這麼自問（確實自問）：根據自己練習正念的經驗，為什麼繼續培養正念很重要？

做這件事的好方法是閉上眼睛，想像把一顆石頭投入深井。石頭代表以下問題：生命中哪件事情對我最重要，而正念練習對它有幫助？

觀想石頭掉入井裡，沉到水面之下。不用急著找到答案。如果出現一個答案，請讓石頭往下沉得更深，看有沒有其他答案會出現。聽到一些答案時（雖然只是暫時性的），花點時間反思，然後寫在明信片或紙上，好好保留起來，萬一對於練習失去信心，就拿來激勵一下自己。這個問題可能有幾個答案，也許是：

- 為了父母
- 為了子女
- 為了維護我的幸福快樂
- 為了保持心平氣和且活力十足
- 為了維持自己不受憤怒、怨恨及憤世嫉俗的束縛

這個問題的目的是讓自己看到：持續練習如何能幫助自己日復一日、每分每秒、大幅度地重拾生命，而不是為了某種負面或規定的理由，把它視為又一件該「做」或該「完成」的事。我們每天要做的事情已經夠多了，不用再加上一項「應該要做」的事。因此，把自己的答案寫在卡片上，好好保存，能夠提醒你在練習正念時有什麼正面的發現，鼓勵你進一步探索。未來會有很多時候，你練習的決心會消失或減弱。在這種時候，你會很容易對自己失望或憤怒。這時，可以隨時把卡片拿出來，提醒自己當初的發心，會很有幫助。

選擇

現在要決定哪個練習或哪些練習的組合，長期而言是你能夠持續的。你應該要務實，而且記得這個選擇不是不能改變的。你可以每天、每週或每年改變，以配合你所面臨的要求，以及你想透過練習來探索的對象。有時候，你可能覺得需要透過身體掃瞄來與身體重新連結，其他時候，你可能會刻意選擇把擔憂或問題帶到練習的中心，利用第五週的觀困境來予以觀照。選擇權在你。現在你有本事為自己做決定了。

一次禪修的時間應該多長？實際練習，就會知道。禪修最初是在人類處於農耕時期的階段發展出來的。事實上，我們從原文巴利文（Pali）翻成英文「meditation」（禪修）的詞彙裡，其中一個的意思就是「栽培」。它一開始是指栽種田裡的農作物及花園裡的花。因此，每天整理正念花園應該花多久時間？最好是親自去花園裡看看就知道了。有時候你會需要在正念花園裡待十分鐘，但你會發現，一旦身處其中，耕耘時間就會輕輕鬆鬆延長至二十或三十分鐘。也就是說，沒有最少或最多的時間限制。時鐘的時間跟禪修的時間是不同的。你可以實驗怎麼做最適合你、最能夠滋潤你而煥然一新。禪修的時間，每分鐘都算。

大多數人覺得，除了固定的（每日的）正式禪修練習之外，再搭配平常隨時保持正念，是最有幫助的結合。「每天固定」是練習中很重要的元素。我們所謂的每天，是指每週的大部分日子，在這些日子裡，你會抽空放下手邊的事情，獨處一陣子，不管為時多麼短。

記得瑜珈老師的忠告：瑜珈裡最困難的動作，就是走到瑜珈墊上這個動作。同樣的，正念練習最困難的地方，就是來到椅子、禪凳或坐墊旁，坐下來。因此，如果你發現自己有一陣子沒練習，何不來坐個一分鐘？

只要一分鐘就好。

聆聽你內心的反應。啥？只要一分鐘！那樣沒好處。要做就要好好做，否則絕對達不到效果。聆聽心中聲音的語氣。它恐嚇式的完美主義，是幫助還是阻礙你的一片美意？

請坐下。「坐」就對了，一分鐘就好。心中潑冷水的聲音不需打壓，帶著它一起過來，送給自己一分鐘靜坐所帶來的豐盈祝福——這是寶貴的一分鐘，提醒身心可以聆聽另一個更有智慧且更安靜的聲音。

今天，做到這個程度就夠了。

不管你決定做哪種練習，許多人認為，白天撥出時間練習呼吸空檔是一大福祉。在壓力大或不快樂的時候，呼吸空檔永遠在那裡支持你。這是白天時確認自身情況的最佳管道。不管你最後決定以什麼禪修練習為主，它在許多方面是支援你的呼吸空檔，是你的降落傘。正念課程的許多學員表示，這是他們有史以來學到最重要的道理。

精進禪修，彷彿它攸關性命，
在許多方面，它的確如此。這樣
你就能夠過著你擁有的人生，而且
過得好像它真的很重要。

北齋如是說[4]

北齋說
仔細觀看。
他說要注意、留意。
他說要不斷觀看，保持好奇。
他說觀看是沒有止境的。
他說要「盼望」老年的時候。
他說要不斷改變，

才會更清楚自己是誰。
他說陷入困境、接受現況、把剛剛說的話重複一遍，
只要有趣就好。
他說繼續做你喜愛的事情。
他說繼續祈禱。
他說我們每個人都是小孩，
每個人都是老靈魂，
每個人都有身體。
他說我們每個人都受驚了。
他說每個人都必須找到與恐懼共存的方式。
他說萬物皆有生命——
貝殼、建築、人、魚、山林、樹木。
木頭是活的。
水是活的。
一切都有自己的生命。
萬物活在我們心中。
他說與內心的世界共處。
他說你不管是畫畫或寫書都無所謂。

你不管是鋸木頭或捕魚都不要緊。
你坐在家裡，呆看著露台上的螞蟻或樹木的影子
以及花園裡的綠草
都無所謂。
重點是你在乎。
重點是你有感覺。
重點是你留意。
重點是讓生命穿透你的身心。
知足就是讓生命穿透你的身心。
常樂就是讓生命穿透你的身心。
滿足和力量就是讓生命穿透你的身心。
平靜就是讓生命穿透你的身心。
他說不要害怕。
不要害怕。
觀看、感受，讓生命引領你前進。
讓生命穿透你的身心。

誌謝

因為有了許多人的協助與支持，才能成就本書的問世。我們深深感謝克提斯布朗版權代理公司（Curtis Brown）的克羅麗（Sheila Crowley），以及皮雅克斯出版社（Piatkus）的勞倫絲（Anne Lawrance）及其團隊。

馬克由衷感激惠康基金會，該會不只慷慨資助研究，讓我們延續及延伸對於正念的了解，也鼓勵讓這些研究普及一般大眾。

我們也非常感謝幫助這項計畫的眾多人士：韋伯絲特（Guinevere Webster）、伯恩（Gerry Byrne），以及牛津邊界溪（Boundary Brook）訓練課程的學員；克蘭（Catherine Crane）、朵根（Danielle Duggan）、巴河佛（Thorsten Barnhofer）、菲尼爾（Melanie Fennel）、絲福特（Wendy Swift）和牛津正念中心（該中心依然遵行創辦人班福德（Geoffrey Bamford）的願景）的其他成員；菲尼爾與威廉茲（Phyllis Williams），她們為本書初稿提供許多細心的建議；爾本諾斯基（Ferris Buck Urbanowski）、桑班篤（Antonia Sumbundu）及皮考克（John Peacock），他們的智慧一直是馬克汲取靈感的來原；蒂斯岱（John Teasdale）及西格爾（Zindel Segal），他們是正念認知療法的共同研發者，也是馬克的多年密友；還有卡巴金（Jon Kabat-Zinn），他是本書的靈感來源，也慷慨與我們分享這個點子，此外，卡巴金也不斷鼓勵大家將慈悲有力的正念智慧推動到我們周遭忙亂而紛擾的世界。

本書的許多想法及表達方式，來自馬克與卡巴金，以及西格爾、蒂斯岱之間超過二十年的密切合作。非常感激他們在本書裡再次慷慨分享這些想法，讓沒有接觸過正念的人，以及希望重新練習正念的讀者，有個正確的依循。

丹尼也非常感恩內斯頓郡綜合高中（Neston County Comprehensive School）的菲爾德（Pat Field），菲爾德勇氣可嘉、極具遠見，帶領一群正值叛逆期的青少年（包括他自己）進行禪修。在一九八〇年代初期，採取這樣的教育措施相當具創見及顛覆性，改變了許多人的生命。丹尼尤其感激史托華茲（Pippa Stallworthy）的幫助與指引。

最後，我們兩位作者都非常感恩家人的包容，尤其是我們的賢內助，妃莉絲與貝拉。在我們全心克服寫作上不可避免的挑戰時，能得她們貼心的支持與照顧，委實十分幸運。

註釋

第一章

1. Ivanowski, B. & Malhi, G. S. (2007), 'The psychological and neuro-physiological concomitants of mindfulness forms of meditation', Acta Neuropsychiatrica, 19, pp. 76–91; Shapiro, S. L., Oman, D., Thoresen, C. E., Plante, T. G. & Flinders, T. (2008), 'Cultivating mindfulness: effects on well-being', *Journal of Clinical Psychology,* 64(7), pp. 840–62; Shapiro, S. L., Schwartz, G. E. & Bonner, G. (1998), 'Effects of mindfulness-based stress reduction on medical and premedical students', *Journal of Behavioral Medicine,* 21, pp. 581–99.
2. Fredrickson, B. L. & Joiner, T. (2002), 'Positive emotions trigger upwardspiralstowardemotionalwell-being', *Psychological Science*, 13, pp. 172–5; Fredrickson, B. L. and Levenson, R. W. (1998), 'Positive emotions speed recovery from the cardiovascular sequelaeofnegativeemotions', *Cognitionand Emotion*,12, pp.191–220; Tugade, M. M. & Fredrickson, B. L. (2004), 'Resilient individuals use positive emotions to bounce back from negative emotionalexperiences', *Journal of Personality and Social Psychology,* 86, pp. 320–33.
3. Baer, R. A., Smith, G. T., Hopkins, J., Kreitemeyer, J. & Toney, L. (2006), 'Using self-report assessment methods to explore facets of mindfulness', *Assessment,* 13, pp. 27–45.
4. Jha, A., et al. (2007), 'Mindfulness training modifies subsystems of attention', *Cognitive Affective and Behavioral Neuroscience*, 7, pp. 109–19; Tang, Y. Y., Ma, Y., Wang, J., Fan, Y., Feng, S., Lu, Q., et al. (2007), 'Short-term meditation training

improves attention and self-regulation', Proceedings of the National Academy of Sciences (US),104(43),pp.17152–6;McCracken,L.M.&Yang,S.-Y. (2008), 'A contextual cognitive-behavioral analysis of rehabilitation workers' health and well-being: Influences of acceptance, mindful-nessandvalues-basedaction', *Rehabilitation Psychology,*53, pp.479–85; Ortner, C. N. M., Kilner, S. J. & Zelazo, P. D. (2007), 'Mindfulness meditation and reduced emotional interference on a cognitivetask', *Motivation and Emotion,*31,pp.271–83; Brefczynski-Lewis, J. A., Lutz, A., Schaefer, H. S., Levinson, D. B. & Davidson, R. J. (2007), 'Neural correlates of attentional expert-iseinlong-termmeditationpractitioners', *Proceedings of the National Academy of Sciences* (US), 104(27), pp. 11483–8.

5. Hick, S. F., Segal, Z. V. & Bien, T., *Mindfulness and the Therapeutic Relationship* (Guilford Press, 2008).
6. 見Low, C. A., Stanton, A. L. & Bower, J. E. (2008), 'Effects of acceptance-orientedversusevaluativeemotionalprocessingon heart rate recovery and habituation', *Emotion,* 8, pp. 419–24.
7. Kabat-Zinn,J.,Lipworth,L.,Burncy,R.&Sellers,W.(1986), 'Four-year follow-up of a meditation-based program for the self-regulation of chronic pain: Treatment outcomes and compliance', The Clinical Journal of Pain, 2(3), p. 159; Morone, N. E., Greco, C. M. & Weiner, D. K. (2008), 'Mindfulness meditation for the treatment of chronic low back pain in older adults: A randomized controlled pilot study', Pain, 134(3), pp. 310–19; Grant, J. A. & Rainville, P. (2009), 'Pain sensitivity and analgesic effects of mind-ful states in zen meditators: A cross-sectional study', *Psychosomatic Medicine,* 71(1), pp. 106–14.
8. Speca, M., Carlson, L. E., Goodey, E. & Angen, M. (2000), 'A ran-domized,wait-listcontrolledtrail: theeffectofamindfulness meditation-based stress reduction program on mood and symptoms ofstressincanceroutpatients', *Psychosomatic Medicine,*62, pp.613–22.
9. Bowen, S., et al. (2006), 'Mindfulness Meditation and Substance UseinanIncarceratedPopulation', *Psychology of Addictive Behaviors,* 20, pp. 343–7.

10. Davidson, R. J., Kabat-Zinn, J., Schumacher, J., Rosenkranz, M., Muller, D., Santorelli, S. F., Urbanowski, F., Harrington, A., Bonus, K. & Sheridan, J. F. (2003), 'Alterations in brain and immune func-tionproducedbymindfulnessmeditation', *Psychosomatic Medicine,* 65, pp. 567–70.
11. Godden, D., &Baddeley, A.D.(1980), 'Whendoescontext influence recognition memory?', *British Journal of Psychology,* 71, pp.99–104.

第二章

1. http://www.who.int/healthinfo/global_burden_disease/projec-tions/en/index.html.
2. Zisook, S., et al. (2007), 'Effect of Age at Onset on the Course of Major Depressive Disorder', *American Journal of Psychiatry,* 164, pp. 1539–46, doi: 10.1176/appi.ajp.2007.06101757.
3. Klein, D. N. (2010), 'Chronic Depression: diagnosis and classifica-tion', *Current Directions in Psychological Science,* 19, pp. 96–100.
4. Twenge, J. M. (2000), 'Age of anxiety? Birth cohort changes in anx-iety and neuroticism, 1952–1993', *Journal of Personality and Social Psychology,* 79, pp. 1007–21.
5. Michalak,J.(2010),'EmbodiedeffectsofMindfulness-based Cognitive Therapy', *Journal of Psychosomatic Research,* 68, pp. 311–14.
6. Strack, F., Martin, L. & Stepper, S. (1988), 'Inhibiting and facili-tating conditions of the human smile: A nonobtrusive test of the facialfeedbackhypothesis', *Journal of Personality and Social Psychology,* 54, pp. 768–77.
7. Way, B. M., Creswell, J. D., Eisenberger, N. I. & Lieberman, M. D. (2010),'Dispositional Mindfulness and Depressive Sympto-matology: Correlations with Limbic and Self-Referential Neural Activity During Rest', *Emotion,* 10, pp. 12–24.
8. Watkins, E.&Baracaia,S.(2002),'Ruminationandsocial problem-solving in depression', *Behaviour Research and Therapy,* 40, pp.1179–89.

第三章

1. 把心區分為「行動」和「同在」兩種模式，首次出現於Kabat-Zinn, J., Full Catastrophe Living: Using the Wisdom of Your Body and Mind to Face Stress, *Pain and Illness* (Piatkus, 1990), pp. 60–1 and 96–7.
2. 關於這些議題的詳細討論，請見Jon Kabat-Zinn's *Coming to our Senses: Healing Ourselves and the World Through Mindfulness* (Piatkus, 2005)。
3. 獲准改編自Brown,K.W.&Ryan,R.M. (2003), 'The benefits of being present: Mindfulness and its role in psychologicalwell-being', *Journal of Personality and Social Psychology,* 84, pp. 822–48.
4. 在本書裡，我們提供八週課程，讓你直接品嘗正念的好處。在我們診所，我們會請學員在這八週裡進行為時更長的禪修，如果你想體驗看看，可點選www.mindfulnessCDs.com，以及參考描述正念認知療法（MBCT）的著作（也是本書的基礎）：*The Mindful Way Through Depression: Freeing Yourself from Chronic Unhappiness* by Mark Williams, John Teasdale, Zindel Segal & Jon Kabat-Zinn (Guilford Press, 2007).
5. Davidson, R. J. (2004), 'What does the prefrontal cortex "do" in affect: Perspectives on frontal EEG asymmetry research', *Biological Psychology,* 67, pp. 219–33.
6. Davidson, R. J., Kabat-Zinn, J., Schumacher, J., Rosenkranz, M., Muller, D., Santorelli, S. F., et al. (2003), 'Alterations in brain and immune function produced by mindfulness meditation', *Psychosomatic Medicine,* 65, pp. 564–70.
7. Lazar, S. W., Kerr, C., Wasserman, R. H., Gray, J. R., Greve, D., Treadway, M.T., McGarvey, M., Quinn,B.T., Dusek,J.A., Benson, H., Rauch, S.L., Moore, C.I.&Fischl, B.(2005), 'Meditation experience is associated with increased cortical thick-ness', *NeuroReport,* 16, pp. 1893–7.
8. Craig, A. D. (2004), 'Human feelings: why are some more aware than others?' *Trends in Cognitive Sciences,* vol. 8, no.6, pp. 239–41.
9. Farb, N., Segal, Z. V., Mayberg, H., Bean, J., McKeon, D., Fatima, Z. & Anderson, A. (2007), 'Attending to the present: Mindfulness meditation reveals distinct neural modes

of self-reference', *Social Cognitive and Affective Neuroscience,* 2, pp. 313–22.

10. Singer, T., et al. (2004), 'Empathy for Pain Involves the Affective but not Sensory Components of Pain', *Science,* 303, p. 1157.
11. Farb, N. A. S., Anderson, A. K., Mayberg, H., Bean, J., McKeon, D. & Segal, Z. V. (2010), 'Minding one's emotions: Mindfulness training alters the neural expression of sadness', *Emotion,* 10, pp. 225–33.
12. Fredrickson, B. L., Cohn, M. A., Coffey, K. A., Pek, J. & Finkel, S. M.(2008),'Open heartsbuildlives:Positiveemotions,induced through loving-kindness meditation, build consequential personal resources', *Journal of Personality and Social Psychology,* 95, pp. 1045–62. 見Barbara Fredrickson的網站：http://www.unc.edu/peplab/home.html.
13. Shroevers, M. J. & Brandsma, R. (2010), 'Is learning mindfulness associated with improved affect after mindfulness-based cognitive therapy?', *British Journal of Psychology,* 101, pp. 95–107.
14. 見http://www.doctorsontm.com/national-institutes-of-health.
15. Schneider,R.H.,etal.(2005),'Long-TermEffectsofStress Reduction on Mortality in Persons ≥55 Years of Age With Systemic Hypertension', *American Journal of Cardiology,* 95 (9), pp. 1060–64 (http://www.ncbi.nlm.nih.gov/pmc/articles/PMC1482831/pdf/nihms2905.pdf).
16. Ma, J. & Teasdale, J. D. (2004), 'Mindfulness-based cognitive ther-apy for depression: Replication and exploration of differential relapse prevention effects', *Journal of Consulting and Clinical Psychology,* 72, pp. 31–40. Segal, Z. V., Williams, J. M. G. & Teasdale, J. D., Mindfulness-based Cognitive Therapy for Depression :a new approach to preventing relapse (Guilford Press, 2002).
17. Kenny, M. A. & Williams, J. M. G. (2007), 'Treatment-resistant depressedpatientssh owagoodresponsetoMindfulness-Based CognitiveTherapy', *Behaviour Research & Therapy,*45, pp. 617–25; Eisendraeth, S. J., Delucchi, K., Bitner, R., Fenimore, P., Smit, M. & McLane, M. (2008), 'Mindfulness-Based Cognitive Therapy for Treatment-ResistantDepression:APilotStudy', *Psychotherapy and Psychosomatics,* 77, pp. 319–20; Kingston, T., etal.(2007),'Mindfulness-based cognitive therapy for residual

depressivesymptoms', *Psychology and Psychotherapy,*80, pp. 193–203.
18. Godfrin, K. & van Heeringen, C. (2010), 'The effects ofmindfulness-based cognitive therapy on recurrence of depressive episodes, mental health and quality of life: a randomized controlled study', *Behaviour Research & Therapy,* doi: 10.1016/j.brat.2010.04.006.
19. Kuyken, W., et al. (2008), 'Mindfulness-Based Cognitive Therapy to Prevent Relapse in Recurrent Depression', *Journal of Consulting and Clinical Psychology,* 76, pp. 966–78.
20. Weissbecker, I., Salmon, P., Studts, J. L., Floyd, A. R., Dedert, E. A. & Sephton, S. E. (2002), 'Mindfulness-Based Stress Reduction and Sense of Coherence Among Women with Fibromyalgia', Journal of Clinical Psychology in Medical Settings, 9, pp. 297–307; Dobkin, P. L. (2008), 'Mindfulness-based stress reduction: What processes are at work?', *Complementary Therapies in Clinical Practice,* 14, pp. 8–16.

第五章

1. 可前往網址http://viscog.beckman.illinois.edu/flashmovie/12.php，觀看這項實驗的影片，YouTube上也有類似的影片：http://www.youtube.com/watch?v=yqwmnzhgB80.
2. Kabat-Zinn, J., *Full Catastrophe Living: Using the Wisdom of Your Body and Mind to Face Stress, Pain and Illness* (Piatkus, 1990); Santorelli, S., *Heal Thy Self: Lessons on Mindfulness in Medicine* (Three Rivers Press, 2000); Williams, J. M. G., Teasdale, J. D., Segal, Z. V. & Kabat-Zinn, J., *The Mindful Way Through Depression: Freeing Yourself from Chronic Unhappiness* (Guilford Press, 2007).

第六章

1. Wells, G. L. & Petty, R. E. (1980), 'The effects of head movements on persuasion', *Basic and Applied Social Psychology,* vol.1, pp. 219–30.
2. T. S. Eliot, *Burnt Norton in Four Quartets* (Faber and Faber, 2001).
3. 在我們的臨床課程裡，身體掃瞄是每天練習一次，每次為時三十至四十五分鐘。見Kabat-Zinn, J., *Full Catastrophe Living: Using the Wisdom of Your Body and Mind to Face Stress, Pain and Illness* (Piatkus, 1990), pp. 92–3; Williams, J. M.G.,Teasdale,J.D.,Segal,Z.V.&Kabat-Zinn,J.,*The Mindful Way Through Depression: Freeing Yourself from Chronic Unhappiness* (Guilford Press, 2007), pp. 104–6. 在本書裡，我們提供的是十五分鐘的身體掃瞄，一天練習兩次。如果想要試試看為時較長的版本，請參考書後所列的「資源」。
4. 來自 DavidDewulf,MindfulnessWorkbook:Powerfullyand mildly living in the present, by permission. See http://www.mbsr.be/Resources.html.

第七章

1. DouglasAdams,*The Hitchhiker's Guide to the Galaxy*(Pan Macmillan, 1979).
2. Friedman, R. S. & Forster, J. (2001), 'The effects of promotion and prevention cues on creativity', *Journal of Personality and Social Psychology,* 81, pp. 1001–13.
3. 賈伯斯在二〇〇五年六月於史丹佛大學的演講，見http://www.ted.com/talks/steve_jobs_how_to_live_before_you_die.html.
4. 想要的話，除了第三週的這些練習之外，還可以繼續每天練習一次身體掃瞄。正念動作及坐禪是根據：Kabat-Zinn, J., *Full Catastrophe Living: Using the Wisdom of Your Body and Mind to Face Stress, Painand Illness*(Piatkus,1990)– 也請參考 www.mindfulnessCDs.com – 以及 Williams, J.M.G.,Teasdale, J. D., Segal, Z. V. & Kabat-Zinn, J., *The Mindful Way Through Depression: Freeing Yourself from Chronic Unhappiness* (Guilford Press, 2007). 三分鐘呼吸空檔出自 Segal, Z. V., Williams,

J. M. G. & Teasdale, J. D., *Mindfulness-based Cognitive Therapy for Depression:a new approachto preventing relapse* (Guilford Press, 2002), p. 174 and Williams, J. M.G.,Teasdale,J.D.,Segal,Z.V.&Kabat-Zinn,J.,*The Mindful Way Through Depression: Freeing Yourself from Chronic Unhappiness* (Guilford Press, 2007), pp. 183–4.

5. 見Vidyamala Burch, *Living Well with Pain and Illness,* Chapter 8 (Piatkus, 2008).

第八章

1. Segal, Z. V., Williams, J. M. G. & Teasdale, J. D., *Mindfulness-based Cognitive TherapyforDepression: a new approach to preventing relapse* (Guilford Press, 2002).
2. Allport, G. W. & Postman, L., *The Psychology of Rumor* (Holt & Co., 1948).
3. 關於「聲境」，請見Kabat-Zinn, J., *Coming to our Senses: Healing Ourselves and the World Through Mindfulness* (Piatkus, 2005), pp. 205–210.觀聲音與念頭是根據Kabat-Zinn, J., *Full Catastrophe Living: Using the Wisdom of Your Body and Mind to Face Stress, Pain and Illness* (Piatkus, 1990)及Williams, J. M. G, Teasdale, J. D, Segal, Z. V. & Kabat-Zinn, J., *The Mindful Way Through Depression : Freeing Yourself from Chronic Unhappiness* (Guilford Press, 2007).
4. 改編自Segal, Z. V., Williams, J. M. G. & Teasdale, J. D., *Mindfulness-based Cognitive Therapy for Depression : a new approach to preventing relapse* (Guilford Press, 2002).

第九章

1. Rosenbaum, Elana, *Here for Now: living well with cancer through mindfulness,* pp. 95ff (Hardwick, Satya House Publications, 2007).
2. 同上p. 99.
3. Segal, Z. V., Williams, J. M. G. & Teasdale, J. D., *Mindfulness-based Cognitive Therapy for Depression: a new approach to preventing relapse* (Guilford Press, 2002).

4. Barnhofer, T., Duggan, D., Crane, C., Hepburn, S., Fennell, M. & Williams, J. M. G. (2007), 'Effects of meditation on frontal alpha asymmetry in previously suicidal patients', *Neuroreport*, 18, pp. 707–12.
5. Way, B. M., Creswell, J. D., Eisenberger, N. I. & Lieberman, M. D. (2010), 'Dispositional Mindfulness and Depressive Symptomatology: Correlations with Limbic and Self-Referential Neural Activity during Rest', *Emotion,* 10, pp. 12–24.
6. Rodin, J. & Langer, E. (1977), 'Long-term effects of acontrol–relevant intervention among the institutionalised aged', *Journal of Personality and Social Psychology,* 35, pp. 275–82.
7. Rosenbaum, Elana, *Here for Now: living well with cancer through mindfulness,* p. 12 (Hardwick, Satya House Publications, 2007).

第十章

1. 關於創傷後壓力症候群，更多資訊請見http://www.rcpsych.ac.uk/mentalhealthinfo/problems/ptsd/posttraumaticstressdisorder.aspx.
2. 根據Israel Orbach的精神痛苦研究：Orbach,I., Mikulincer, M., Gilboa-Schechtman, E. & Sirota, P. (2003), 'Mental pain and its relationship to suicidality and life meaning', *Suicide and Life-Threatening Behavior,* 33, pp. 231–41.
3. 「痛苦的交戰」(painful engagement) 是指目標達不到同時又放不下的感覺，因為那些目標似乎是你的幸福快樂的依據。見MacLeod, A. K. & Conway, C. (2007), 'Well-being and positive future thinking for the self versus others', *Cognition & Emotion,* 21(5), pp. 1114–24; and Danchin,D.L., MacLeod, A.K.&Tata,P.(submitted), 'Painful engagement in parasuicide: The role of conditional goal set-ting'.
4. 這些概念的延伸討論，請見Paul Gilbert, *The Compassionate Mind* (Constable, 2010).
5. 見Williams, J.M.G., Barnhofer,T.,Crane, C., Hermans,D., Raes, F.,Watkins, E.&Dalgleish,T.(2007),'Autobiographical memory specificity and emotional disorder',

Psychological Bulletin, 133, pp. 122–48.
6. Bryant, R. A., Sutherland, K. & Guthrie, R. M. (2007), 'Impaired specific autobiographical memory as a risk factor for posttraumatic stressaftertrauma', *Journalof Abnormal Psychology,*116, pp. 837–41.
7. Kleim, B. & Ehlers, A. (2008), 'Reduced Autobiographical Memory Specificity Predicts Depression and Posttraumatic Stress Disorder AfterRecentTrauma', *Journal of Consulting and Clinical Psychology,* 76(2), pp. 231–42.
8. Williams, J.M.G.,Teasdale, J.D., Segal, Z.V.&Soulsby, J. (2000), 'Mindfulness-Based Cognitive Therapy reduces overgeneral autobiographical memory in formerly depressed patients', *Journal of Abnormal Psychology,* 109, pp. 150–55.
9. 改編自 Baer, R. A., et al. (2006), 'Using self-report assess-ment methods to explore facets of mindfulness', *Assessment,* 13, pp. 27–45. Used with permission of Dr Baer and Sage Publications.
10. 「慈心禪」是較常見的翻譯，但是巴利原文的"Metta"一字，意思更貼近「對……以朋友相待」。
11. Singer, T., et al. (2004), 'Empathy for Pain Involves the Affective but not Sensory Components of Pain', *Science, 303,* p. 1157, doi: 10.1126/science.1093535.
12. Barnhofer, T., Chittka, T., Nightingale, H., Visser, C. & Crane, C. (2010), 'State Effects of Two Forms of Meditation on Prefrontal EEG Asymmetry in Previously Depressed Individuals', *Mindfulness,* 1 (1), pp. 21–7.
13. Williams, J. M. G., Teasdale, J. D., Segal, Z. V. & Kabat-Zinn, J., *The MindfulWay Through Depression:Freeing Yourself from Chronic Unhappiness* (Guilford Press, 2007), p. 202.
14. 重拾生命的概念，直接出自 Anke Ehlers 及其同仁的研究發現，研究顯示，我們遭受創傷之後，就很容易認為一切是不可逆轉地改變了：Kleim, B. & Ehlers, A. (2008), 'Reduced Autobiographical Memory Specificity Predicts Depression and Posttraumatic Stress Disorder After Recent Trauma', *Journal of Consulting and Clinical Psychology,* 76(2), pp. 231–42.
15. 見 www.bookcrossing.com.

16. 愛因斯坦在一九五〇年三月四日寫信給Norman Salit。

第十一章

1. Segal, Z. V., Williams, J. M. G. & Teasdale, J. D., *Mindfulness-based Cognitive Therapyfor Depression:a new approach to preventing relapse* (Guilford Press, 2002), pp. 269–87.
2. 請注意，睡眠研究者建議，白天任何時段的假寐不應超過三十分鐘，否則會進入熟睡，醒來時反而覺得渾身無力。
3. 這個部分出自 Segal, Z. V., Williams, J. M. G. & Teasdale, J. D., *Mindfulness-based Cognitive Therapy for Depression: a new approach to preventing relapse* (Guilford Press, 2002), pp. 286–7.

第十二章

1. 重述詠給明就仁波切所講的故事：Youngey Mingpur Rinpoche, *Joyful Wisdom : Embracing Change and Finding Freedom* (Harmony, 2009).
2. Jon Kabat-Zinn, 'Meditation' in Bill Moyers (ed.), *Healing and the Mind,* pp. 115–44 (Broadway Books, 1995).
3. 改編自Mindfulness for Chronic Fatigue (unpublished) by Christina Surawy, Oxford Mindfulness Centre.
4. 有時候，詩能捕捉一個概念的神髓，勝過千言萬語的解釋。這首詩由Roger Keyes所作，靈感來自他多年研究日本畫家葛飾北齋（Katsushika Hokusai, 1760–1849）的畫作。北齋的代表名作是「神奈川巨浪」（The Great Wave off Kanagawa），也因為老年繼續作畫而著名。感激Roger Keyes允許我們在本書翻印他的大作。

參考資料

網站

www.franticworld.com。這是搭配本書的網站，包含討論自身經驗及得知他人心得的論壇。此外提供禪修及書籍的連結，讓你可以延伸閱讀。還有一個部分列出即將舉辦的演講、活動和禪修營。

www.mbct.co.uk 及 www.oxfordmindfulness.org。這是我們以牛津為根據地的網站：正念認知療法簡介，包含訓練訊息。

www.gaiahouse.co.uk。GaiaHouse, WestOgwell, NewtonAbbot,

Devon TQ12 6EW. 這是修持內觀的閉關中心。

www.dharma.org。提供各地內觀中心的資訊。

www.bangor.ac.uk/mindfulness。英國班戈大學（UniversityofBangor）是威廉斯來到牛津大學之前所任教的地方，這裡提供醫療照護方面的正念訓練課程，學位高達碩士。

www.stressreductiontapes.com。卡巴金所錄製的禪修引導錄音帶及CD。

www.amazon.com。關於卡巴金之研究的錄影帶：Mindfulness and Meditation: Stress Reduction。

www.octc.co.uk。威廉斯所錄製的禪修引導CD。

www.umassmed.edu/cfm。美國麻州大學醫學院正念中心的網站。

www.investigatingthemind.org。心靈與生命協會（Mind and Life Institute）網站。

治療師採用的正念認知療法手冊

Segal, Z. V., Williams, J. M. G. & Teasdale, J. D., *Mindfulness-Based Cognitive Therapy for depression: A new approach to preventing relapse* (Guilford Press, 2002).

自助手冊

Williams, J. M. G., Teasdale, J. D., Segal, Z. V. & Kabat-Zinn, J., *The Mindful Way Through Depression: Freeing Yourself from Chronic Unhappiness* (Guilford Press, 2007).

摘要性介紹

Crane, R., *Mindfulness-based Cognitive Therapy* (Routledge, 2008).

禪修

以下所挑選的書目主要是為了介紹正念禪，歡迎讀者繼續探索。以下許多老師與作者不只寫了這裡所列的著作，另有禪修CD可以選購。（我們盡量列出平裝書籍最新版的日期及出版社。）

Beck, C. J., *Everyday Zen: Love and Work* (Thorsons, 1997).

Boorstein, S., *It's easier than you think: The Buddhist way to happiness* (HarperSanFrancisco, 1996).

Chödrön, P., *The Wisdom of No Escape: How to love yourself and your world* (Element,

2004).

Dalai Lama, *Advice on Dying: and Living a Better Life,* translated and edited by Jeffrey Hopkins (Rider & Co., 2004).

Goldstein, J., *Insight Meditation: The Practice of Freedom* (Newleaf, 1994).

Goldstein,J.,*One Dharma:The Emerging Western Buddhism* (HarperSanFrancisco, 2002).

Goldstein, J. & Salzberg, S., *Insight Meditation: A step-by-step course on how to meditate* (Sounds True Inc., 2002).

Gunaratana, B. H., *Mindfulness in Plain English* (Wisdom Publications, 2002).

Hanh, T. N., *The miracle of mindfulness: Manual on meditation* (Rider & Co., 1991).

Hanh, T. N., *Peace Is Every Step: the path of mindfulness in everyday life* (Rider & Co., 1995).

Kabat-Zinn, J., *Full Catastrophe Living: Using the Wisdom of Your Body and Mind to Face Stress, Pain and Illness* (Piatkus, 1990).

Kabat-Zinn,J.,*Wherever You Go,There You Are : Mindfulness Meditation for Everyday Life* (Piatkus, 1994).

Kabat-Zinn, J., *Coming to Our Senses: Healing Ourselves and the World Through Mindfulness* (Hyperion/Piatkus, 2005).

Kornfield, J., *A Path with Heart* (Rider & Co., 2002).

Kornfield, J., *After the Ecstasy, the Laundry: How the Heart Grows Wise on the Spiritual Path* (Bantam Books, 2001).

McLeod, K., *Wake Up to Your Life* (HarperSanFrancisco, 2002).

Orsilo, S.M. and Roemer,L., *The Mindful Way through Anxiety* (Foreword by Segal, Z. V.) (The Guilford Press, 2011).

Rabinowitz, I. (ed.), *Mountains Are Mountains and Rivers Are Rivers: Applying Eastern Teachings to Everyday Life* (Hyperion, 2000).

Rinpoche, S., The Tibetan Book of Living and Dying (Rider & Co., 1998).

Rosenberg, L. with Guy, D., *Breath by Breath: The Liberating Practice of Insight Meditation* (Shambhala Publications, 2004).

Rosenberg, L. with Guy, D., *Living in the Light of Death: On the Art of Being Truly Alive*

(Shambhala Publications, Boston, Mass., 2001).
Salzberg,S., *Loving-kindness. The Revolutionary Art of Happiness* (Shambhala Publications, 2004).
Santorelli,S.,*Heal Thy Self:Lessonson Mindfulness in Medicine* (Three Rivers Press, 2000).
Shafir, R. Z., *The Zen of Listening: Mindful Communication in the Age of Distraction* (Quest Books, 2003).
Sheng-Yen (Master) with Stevenson, D., *Hoofprint of the Ox: Principles of the Chan Buddhist Path as Taught by a Modern Chinese Master* (Oxford University Press, 2002).
Smith, J.(ed.),*Breath Sweeps Mind A First Guideto Meditation Practice* (Riverhead Trade, 1998).
Tolle,E., *The Powerof Now : AGuide to Spiritual Enlightenment* (Hodder, 2001).
Wallace, B. A., *Tibetan Buddhism From the Ground Up: A Practical Approach for Modern Life* (Wisdom Publications, 1993).

禪修與心理學

Bennett-Goleman, T., *Emotional Alchemy: How the Mind Can Heal the Heart* (Harmony Books, 2001).
Brazier, C., *A Buddhist psychology: Liberate your mind, embrace life* (Robinson Publishing, 2003).
Epstein,M.,*Thoughts without a thinker: Psychotherapy From a Buddhist Perspective* (Basic Books, 2005).
Epstein,M.,*Going to Pieces Without Falling Apart : A Buddhist Perspective on Wholeness* (Thorsons, 1999).
Epstein, M., *Going on being: Buddhism and the Way of Change, A Positive Psychology for the West* (Broadway Books, 2001).
Goleman, D., *Emotional Intelligence* (Bantam Books, 1995).

Goleman, D., *Working with Emotional Intelligence* (Bantam Books, 1998).

Goleman, D., *Destructive Emotions: How Can We Overcome Them? A Scientific Dialogue with the Dalai Lama* (Bantam Books, 2004).

正念的日常實踐

慢活、樂活、浪漫活：狂亂世界中的靜心法

如果您第一次翻閱此書，不妨給自己一分鐘的時間「實驗休息」一下：無論站著或坐著，先閉上眼睛，感覺一下自己的呼吸，除了呼吸之外，甚麼都不用想，看看這一分鐘，有甚麼經驗。……練習這個「迷你實驗」之後，心情有甚麼變化嗎？實驗之後，接著呢？想知道答案嗎？那就開始在日常生活中練習正念吧！

您不需要一口氣讀完這本書，事實上，很快讀完它，是很可惜的。如果您跟許多活得很累的現代人一樣，每天早上醒來，疲倦迷糊的沐浴更衣，囫圇吞完早餐，匆匆忙忙趕車上班，經過一整天的忙碌，帶著工作與生活的焦躁壓力挫折感入眠，長期下來，經常感覺疲憊、焦慮與漫無止境的壓力，那麼，或許是重新調整生活步調的時候了。本書提供一系列練習方法，如果可以循序漸進，以八到十週的時間，隨著本書的系列方法與網站的錄音引導（下載網址：http://www.bookzone.com.tw/event/bp319/#8week），縱使不見得可以從此徹底改變生活與命運，至少可以讓

自己在狂亂的世界中，更能自主自在的「慢活、樂活、浪漫活」！

人在江湖，身不由己。無論家庭、工作、生活或社會，每個人能直接掌握與改變環境的機會，往往很有限，但可以掌握自己心境的可能性，卻隨時都在。只要您還會呼吸，意識也很清楚，有意願改善自己的身心健康，就可以在日常生活中練習。休息片刻的時候，可以練一分鐘禪；走路、慢跑、趕車時，可以練習行禪；隨時可以練習「專注呼吸、身體掃描」；感覺生活艱辛時，可以練習艱辛禪與慈心禪，給自己力量與智慧。如果自己的生活產生「無感、無力、厭煩」的感覺，可以練習「破除舊習活動」，解放生活習氣，發展自己的創造力與生命潛力！

本書作者英國牛津大學臨床心理系的馬克・威廉斯教授，是「正念認知治療」（MBCT，Mindfulness-based Cognitive Therapy）的創建者之一，也是我的恩師。跟他學習正念認知治療至今，感受到的不是MBCT作為「練習方法」，而是他內化這方法在生命中，自然散發的靈活、慈悲與智慧力量。二〇一二年四月威廉斯教授來台灣帶領MBCT的四天工作坊，讓正念認知的力量，開始在台灣播種發芽！二〇〇二年所創建的MBCT，原來是應用在預防憂鬱症復發的方法，但威廉斯教授將MBCT調整為適合忙碌現代人練習的方法，因此，本書標示著MBCT最新發展的里程碑：從憂鬱症患者的正念認知治療，發展為適用於大多數人身心健康自我照顧的MBCT。祝福本書讀者，與我們一樣，也都能學習與練習此系列方法，讓自己活得更睿智自在！

李燕蕙
南華大學生死學系副教授
南華正念中心主任

本書搭配牛津正念中心八週靜心練習的引導錄音內容：

1. 觀身體與呼吸　約8分鐘
2. 身體掃描　約15分鐘
3. 正念伸展　約9分鐘
4. 觀呼吸與身體　約8分鐘
5. 觀聲音與念頭　約8分鐘
6. 艱辛禪　約10分鐘
7. 慈心禪　約10分鐘
8. 三分鐘呼吸空檔　約4分鐘

（帶領人：南華大學正念中心主任　李燕蕙）

國家圖書館出版品預行編目資料

正念：八週靜心計畫，找回心的喜悅／ Mark Williams與 Danny Penman著.；吳茵茵譯. -- 第一版. -- 台北市：遠見天下文化, 2012.11
面； 公分. --（心理勵志；319）
譯自：Mindfulness : a practical guide to finding peace in a frantic world
ISBN 978-986-320-092-5（平裝）

1. 認知治療法 2. 自我實現

178.8 101023989

心理勵志 319A

正念

八週靜心計畫，找回心的喜悅

作　　者／馬克．威廉斯（Mark Williams）與丹尼・潘曼（Danny Penman）
譯　　者／吳茵茵
總編輯／吳佩穎
責任編輯／張怡沁、林麗冠（特約）
封面設計／江孟達

出版者／遠見天下文化出版股份有限公司
創辦人／高希均・王力行
遠見．天下文化 事業群榮譽董事長／高希均
遠見．天下文化 事業群董事長／王力行
天下文化社長／林天來
國際事務開發部兼版權中心總監／潘欣
法律顧問／理律法律事務所陳長文律師　著作權顧問／魏啟翔律師
社 址／台北市104松江路93巷1號2樓
讀者服務專線／(02)2662-0012　傳 真／(02)2662-0007；2662-0009
電子信箱／cwpc@cwgv.com.tw
直接郵撥帳號／1326703-6號 遠見天下文化出版股份有限公司

電腦排版／立全電腦印前排版有限公司
製版廠／東豪印刷事業有限公司
印刷廠／祥峰印刷事業有限公司
裝訂廠／台興印刷裝訂股份有限公司
登記證／局版台業字第2517號
總經銷／大和書報圖書股份有限公司　電話／(02)8990-2588
出版日期／2012年11月30日第一版第1次印行
2023年11月20日第二版第8次印行

定價／380元

原著書名／Mindfulness: A Practical Guide to Finding Peace in a Frantic World
by Professor Mark Williams and Dr. Danny Penman

EAN：4713510945681（英文版ISBN：978-0-7499-5308-9）
書號：BBP319A

天下文化官網 bookzone.cwgv.com.tw

天下文化

BELIEVE IN READING